Comment Enseigner à LÉcole du Dimanche : Un Guide pour les Enseignants de la Classe Biblique

L'enseignement dans la Classe Biblique, Volume 4

Sermons Bibliques

Published by Guillermo Doris McBride, 2024.

While every precaution has been taken in the preparation of this book, the publisher assumes no responsibility for errors or omissions, or for damages resulting from the use of the information contained herein.

COMMENT ENSEIGNER À LÉCOLE DU DIMANCHE : UN GUIDE POUR LES ENSEIGNANTS DE LA CLASSE BIBLIQUE

First edition. April 15, 2024.

ISBN: 979-8224229710

Written by Sermons Bibliques.

Table des Matières

Les enfants peuvent bien comprendre la doctrine du sacrifice expiatoire ; elle est conçue comme un évangile pour les très jeunes. L'évangile de la substitution est une simplicité, bien qu'il s'agisse d'un mystère. Nous ne devons pas être satisfaits tant que nos petits ne connaissent pas et ne font pas confiance au sacrifice achevé. Il s'agit d'une connaissance essentielle, la clé de tous les autres enseignements spirituels. Nos enfants bien-aimés doivent connaître la croix, et alors ils auront bien commencé. En plus de tout ce qu'ils reçoivent, ils doivent recevoir une compréhension de ceci, et alors ils auront les fondations correctement posées.

— Charles Spurgeon

INTRODUCTION

Les suggestions contenues dans ce livret sont présentées pour aider les croyants qui, avec vocation et dévouement, désirent un plus grand succès dans l'enseignement de la Parole de Dieu. Ce matériel n'est pas offert au lecteur comme un manuel infaillible ou un texte absolu pour l'enseignement de l'école du dimanche ; il a plutôt été préparé comme un guide élémentaire pour ceux qui veulent servir le Seigneur dans ce noble ministère.

L'auteur ne prétend pas à l'originalité. De nombreuses suggestions sont le fruit de l'expérience d'hommes de Dieu qui ont conseillé les nouvelles générations d'enseignants sur la meilleure façon d'enseigner aux jeunes.

Je suis sincèrement reconnaissant aux frères et sœurs du Venezuela qui, avec bonne volonté, m'ont apporté leur aide précieuse dans la préparation de ce livre. Mes remerciements vont également à Páginas Orientadoras, du Mexique, qui le publie. C'est grâce à eux tous que ce petit livre voit le jour.

Nous souhaitons que le contenu de l'ouvrage soit à la gloire de Dieu et que le matériel présenté ici soit utile à ses lecteurs. Prions ensemble pour que ces objectifs soient atteints dans la volonté du Seigneur.

1. L'IMPORTANCE DU TRAVAIL
Opportunité et nécessité

Les recensements et les statistiques nous apprennent qu'en Amérique latine, plus de la moitié de la population a moins de seize ans. Ce fait représente une grande opportunité et en même temps une grande responsabilité pour le croyant qui a le devoir et le privilège d'enseigner la Parole de Dieu aux nouvelles générations.

L'enfant apprend plus facilement et plus rapidement que l'adulte. L'Église catholique romaine a déclaré pendant des siècles : "Donnez-nous un enfant jusqu'à ce qu'il ait sept ans et nous l'aurons pour la vie". Les communistes et les fascistes font de grands efforts pour endoctriner les petits, car ils savent que les enfants d'aujourd'hui sont les hommes de demain. Le cœur tendre d'un enfant est un terrain fertile pour semer n'importe quel enseignement, qu'il soit vrai ou faux.

Une grande partie des enfants d'aujourd'hui ne reçoit pas la bonne instruction nécessaire à leur formation morale et spirituelle pour la vie qui les attend et pour leur bien éternel. Au contraire, ils sont pernicieusement influencés par le cinéma, la télévision et une multitude de petits livres avec des dessins animés sans importance, violents et immoraux, qui les conduisent au désastre.

Nous nous référons au cas d'un enfant que nous avons connu pour illustrer ce qui précède. Un garçon vénézuélien nommé Luis n'avait pas de père et sa mère était obligée de travailler dans la maison de quelqu'un d'autre. Luís passait son temps à regarder la télévision chez sa grand-mère. Un dimanche après-midi, le garçon a sauté du premier étage d'un immeuble et s'est violemment cogné la tête. Sur le chemin du poste de secours, Luis a raconté à sa grand-mère qu'il avait vu *Batman* voler dans une émission de télévision et qu'il essayait de voir s'il pouvait faire la même chose. Sa chute a provoqué une hémorragie cérébrale et il est décédé peu après son arrivée aux urgences de l'hôpital.

Quel dommage que cet enfant n'ait pas eu l'occasion d'assister à une école du dimanche pour entendre parler de l'amour de Dieu et de l'œuvre de Jésus-Christ ! Si nous enseignons les Saintes Écritures aux enfants qui nous entourent, les résultats pourraient être différents.

Jésus-Christ et les enfants

———

Le Seigneur Jésus-Christ attachait une grande importance aux petits. Lorsqu'il a marché parmi les hommes, il a laissé des préceptes et son exemple concernant le travail d'enseignement de la Parole de Dieu :

Il remercie Dieu pour ce qu'il a révélé aux enfants. 1

Il a placé un enfant au milieu des disciples comme exemple d'humilité. 2

Il ordonna à ses disciples de laisser venir à lui les enfants. 3

Il a ordonné à Pierre de nourrir ses agneaux. 4

Il a dit que les enfants louent le Seigneur. 5

Il eut compassion des foules et se mit à les enseigner. 6

Si vous n'arrivez pas à ce que le pécheur reconnaisse ses fautes

, conduisez les enfants que vous pouvez vers le Sauveur bienveillant.

2. LES EXIGENCES EN MATIÈRE D'ENSEIGNEMENT

Pour un tel ministère, les conditions suivantes doivent être remplies :

A. La conversion à Dieu

Enseigner les choses de Dieu est le privilège exclusif de ceux qui sont nés de nouveau. Naître de nouveau signifie se repentir et faire confiance au Seigneur Jésus-Christ qui est mort pour nos péchés sur la croix. Les personnes non sauvées sont spirituellement aveuglées et ne peuvent donc pas conduire les autres au Seigneur ou comprendre les choses de Dieu. Jésus-Christ a dit : "Si les aveugles conduisent les aveugles, tous deux tomberont dans la fosse. 1 Saint Paul écrivait aux Corinthiens : L'homme naturel ne comprend pas les choses de l'Esprit de Dieu, car elles sont pour lui une folie et il ne peut les comprendre. 2

B. Bon témoignage

Notons le conseil de Paul à Timothée : "Efforce-toi de te présenter devant Dieu comme un ouvrier qui n'a pas à rougir de sa conduite. 3 L'apôtre pouvait aussi écrire qu'il s'était comporté de manière sainte, juste et irréprochable parmi les croyants. 4 Si notre vie n'est pas en accord avec ce que nous enseignons, notre travail sera vain.

C. La sincérité

Il est essentiel d'être sincère et sans motivation indigne. Par exemple, il ne faut pas chercher à être professeur pour se faire valoir ou pour faire bonne impression auprès de ses collègues. Dépouillons-nous de tout égoïsme. Travaillons parce que l'amour du Christ nous y contraint. 5 Tout ce que nous faisons doit être fait de bon cœur, comme pour le Seigneur et non pour les hommes. 6 La sincérité de l'enseignant sera reconnue par les étudiants.

Donnez le meilleur de vous-même au Maître, rendez-lui une dévotion fidèle

; Que son amour si sublime soit le mobile de toute action.

D. Capacité à communiquer

La capacité à enseigner et à stimuler l'apprentissage sont des qualités nécessaires. Lorsque vous parlez sans inspirer ou motiver vos élèves, vous parlez en vain. Il est difficile de communiquer ce que nous ne croyons pas de tout cœur et ce qui ne nous remplit pas d'enthousiasme. Paul a conseillé à Timothée d'attiser le feu du don de Dieu qui était en lui. 7 Il est bon pour nous de recevoir ce conseil.

E. Expérience

Dans certaines congrégations, il est d'usage de confier aux nouveaux croyants la responsabilité d'une classe alors qu'ils devraient suivre un enseignement adapté à leur âge. Dans ces mêmes églises, il peut y avoir des frères expérimentés et compétents qui ne sont pas responsables d'une classe alors qu'ils pourraient l'être.

Dans certaines écoles du dimanche, les nouveaux enseignants servent d'abord d'assistants aux plus expérimentés. Ils aident en écoutant les enfants dire par cœur les parties qu'ils apprennent, en désignant de nouveaux textes, en maintenant l'ordre et en enseignant de temps en temps à la classe. Il s'agit d'un processus louable pour autant que l'enseignant soit disposé à former son assistant et que ce dernier soit disposé à apprendre. L'assistant peut alors enseigner à la classe uniquement lorsque l'enseignant doit s'absenter.

F. La consécration à la prière

L'enseignant sincère ressent le besoin de prier le Seigneur :

Pour lui-même, être un travailleur humble, compréhensif, patient et persévérant pour sa classe.

-Par votre message, afin que le Seigneur vous donne la lumière spirituelle. Si vous n'attristez pas l'Esprit, il peut vous conduire dans toute la vérité. 8

-Pour ses disciples, en demandant l'aide de Dieu pour réaliser ses objectifs de conversion, de croissance dans la grâce, de consécration au Seigneur et à son service, etc. Il est nécessaire de prier pour chacun en particulier, car la prière efficace des justes peut faire beaucoup.9

G. Diligence

En tant qu'enseignants, nous devons étudier attentivement :

1) Notre message. Nous devons sonder les Écritures et préparer la leçon jusqu'à ce que notre âme soit émue. L'apôtre a conseillé à Timothée de s'occuper de la lecture. 10

2. nos élèves. Il est nécessaire d'observer les habitudes, les désirs, les capacités et les foyers de chacun d'entre eux.

3. nos méthodes d'enseignement. Elles doivent être intéressantes et efficaces. Même la méthode la plus efficace s'use avec le temps. L'enseignant diligent ne cesse d'apprendre et recherche toujours les méthodes qui seront les plus profitables à ses élèves.

H. Responsabilité

Ponctualité : nous suggérons à l'enseignant d'arriver au moins dix minutes avant l'heure du cours, s'il n'est pas occupé à transporter des élèves. Il pourra ainsi ranger la salle de classe et le matériel pédagogique et accueillir les élèves à leur arrivée.

Conformité : Lorsque des absences sont nécessaires, l'enseignant responsable trouve un remplaçant et en informe le surintendant à l'avance.

I. Le sacrifice

L'esprit de sacrifice nous convient. Notre service exige de consacrer du temps, de faire des efforts dans la prière et l'étude, et d'être prêt à sacrifier nos économies pour le bien des garçons. L'amour se mesure à l'aune du sacrifice. Le Christ a aimé l'Église et s'est donné pour elle. 11 L'enseignant qui aime sa classe la portera dans son cœur et sera prêt à se sacrifier pour la gagner au Christ et la conduire dans les voies du Seigneur.

Voyons la nécessité de consacrer tout notre esprit à la préparation, toute notre âme à la présentation et toute notre vie à l'illustration de la leçon.

Que tout mon temps soit consacré à ta louange,

Que mes lèvres ne parlent que de ton amour.

3. L'ÉLÈVE

Nous, enseignants, ne devons pas perdre de vue que l'enfant, dans son processus de développement, traverse des périodes de transition qui affectent profondément son comportement. Si nous voulons que notre enseignement soit efficace, prenons en compte l'âge de nos élèves et soyons conscients des inclinaisons de la période qu'ils traversent.

A. La première période de l'enfance (entre 3 et 8 ans)

Ce qui suit est caractéristique du comportement des jeunes enfants :

La curiosité. Les enfants ont une curiosité naturelle et une imagination active. Nous pouvons capter leur attention en éveillant leur curiosité, puis la maintenir en faisant appel à leur imagination.

Agitation. Les jeunes enfants sont habitués à l'activité et il leur est difficile de rester assis pendant une heure. Il est conseillé de varier les activités en classe afin d'éviter la monotonie et de leur permettre de bouger.

3. la crédulité. Sachant que les enfants sont prêts à croire tout ce qu'on leur dit, veillons à ne leur présenter que la vérité, et de manière à ce qu'ils puissent la retenir.

4. la sensibilité et la culpabilité. Nous devons nous rappeler que chaque enfant a une conscience, qu'il a toujours un cœur tendre et qu'il se sent profondément coupable après avoir commis une faute. La peur peut provoquer chez l'enfant le désir d'être pardonné.

5. le désir d'être aimé et accepté. La partie spirituelle que Dieu a placée dans l'enfant lui fait ressentir la peur et la culpabilité et lui permet de

connaître le pardon de Dieu. Il y a dans chaque enfant, même dans l'enfant gâté, un désir d'être aimé et apprécié.

Le monde manque de compréhension et d'amour véritable. De nombreux pères abandonnent leur famille. Il y a des mères sans affection naturelle et des personnes qui enseignent sans vocation ni intérêt réel pour le bien-être des enfants dans leurs classes. Nous, enseignants de l'école du dimanche, avons le devoir de montrer à l'élève notre amour pour lui. Nous le ferons en parlant de l'amour infini de Dieu qui a envoyé son propre Fils qui a porté la punition pour que l'enfant soit pardonné. Notre désir est que l'enfant, dans une foi sincère, reçoive le salut que Dieu lui offre. Nous pourrons alors lui montrer qu'il est accepté dans le Bien-aimé. 1

Les petits peuvent se détourner du

péché Et se donner au Christ qui les appelle avec amour ;

Ils peuvent se détourner des chemins de ce monde

Pour marcher sur les traces de leur Sauveur.

B. La période de la fin de l'enfance (9-12 ans)

Notons quelques points forts de l'enfant à ce stade de sa vie.

1. l'éveil de l'esprit et du jugement propre. L'enfant réfléchit maintenant aux situations de la vie, les évalue et prend des décisions en fonction de son propre jugement. C'est donc la meilleure période pour lui inculquer les vérités fondamentales sur le péché, la responsabilité, la justice divine, l'amour de Dieu et l'œuvre du Christ.

Regroupement spontané. Le désir d'appartenir à un groupe se manifeste et entraîne parfois des problèmes. Parmi les effets de ces regroupements, on peut citer le malaise, l'inimitié, les taquineries et l'hostilité. Les opinions de la clique ont une forte influence sur certains enfants.

3. le sens de la loyauté. Le désir d'être loyal envers le groupe peut être utilisé pour amener l'enfant à comprendre que la loyauté qui vaut vraiment la peine est celle qu'il peut ressentir envers le Seigneur Jésus.

Le culte du héros. Une autre caractéristique naturelle des enfants de cet âge est l'admiration qu'ils éprouvent pour les personnages de télévision et de cinéma, les athlètes et les héros des livres qu'ils lisent. Essayons d'utiliser ces tendances naturelles de l'enfant pour l'intéresser aux héros de la foi : des hommes et des femmes qui ont plu à Dieu.

C. La période de l'adolescence (12-18 ans)

Caractéristiques de l'adolescent :

1. est en transition. Il agit et pense tantôt comme un adulte, tantôt comme un enfant.

2. elle a un potentiel insoupçonné. Les jeunes d'aujourd'hui peuvent être les leaders de demain.

3. manque d'expérience. Malgré ses capacités, l'adolescent a besoin d'un certain contrôle car il manque souvent de maîtrise de soi.

4. désirer le plaisir et la joie. Salomon parle des penchants naturels de la jeunesse : "Réjouis-toi, jeune homme, dans ta jeunesse. 2

5. il est plus intéressé par ce qu'il fait, dit ou fait lui-même. Lorsqu'il est obligé d'être passif et de se contenter d'écouter l'enseignant, il se sent souvent frustré, surtout s'il n'éprouve pas de sympathie pour son enseignant et se rebelle contre l'école du dimanche. Lorsqu'il a une attitude rebelle, il est difficile d'obtenir de bons résultats dans son cœur.

6. il veut savoir. Même si le jeune remet parfois en question les vérités qu'on lui a enseignées, il a au fond de lui le désir de connaître avec certitude ce dont il commence à douter. C'est pourquoi le jeune peut être attiré par la personne qui a la réponse qu'il cherche et qui sait la donner.

7) Essayez de ne pas penser à l'avenir. Il est naturel pour le jeune homme de ne se préoccuper que du présent. Le prédicateur mettait en garde : "Mais sachez qu'en toutes ces choses Dieu vous jugera. 3 L'enseignant, se souvenant de la tendance à ne pas penser à l'avenir, devrait fréquemment souligner que la jeunesse est une période où l'on se prépare et où l'on pose des fondations pour l'avenir.

8. il a besoin de Dieu. Le conseil de Salomon est toujours valable : Souviens-toi de ton Créateur pendant les jours de ta jeunesse, avant que ne viennent les mauvais jours et les années où tu diras : Elles ne me plaisent pas. 4

L'adolescent est en transition, il est souvent mû par ses émotions. Nous devons le comprendre. Si nous voulons être des instruments dans les mains de l'Esprit Saint, nous devons apprendre à travailler avec le jeune et non contre lui.

4. LES LIGNES DIRECTRICES EN MATIÈRE D'ENSEIGNEMENT
L'objectif de l'enseignement

Jésus-Christ est dans toutes les Écritures. Le matin du jour de la résurrection, il commença par Moïse et, continuant par tous les prophètes, il leur déclara dans toutes les Écritures ce qu'ils disaient de lui. 1

L'enseignant de l'école du dimanche a le devoir de présenter le Christ même lorsqu'il étudie les récits de l'Ancien Testament avec sa classe. Pour en démontrer l'importance, nous allons raconter une histoire tirée de la vie réelle.

Carlos voulait aller à l'école du dimanche, mais son père ne lui en donnait pas la permission. Cependant, à trois reprises, lorsque son père était absent, il a assisté au cours avec un camarade de classe. Plus tard, Carlos est tombé gravement malade et lorsqu'une dame évangélique lui a rendu visite à l'hôpital, elle lui a demandé s'il avait déjà assisté à l'école du dimanche.

Oui, répondit-il, j'y suis allé trois fois.

Avez-vous appris quelque chose du Seigneur Jésus ?

-Non, madame, le premier dimanche, la maîtresse nous a parlé d'Abraham, le deuxième de Joseph et le troisième de Moïse, mais elle n'a pas parlé de Jésus.

La dame, pensant à l'état délicat du garçon, lui a parlé d'Abraham et de l'occasion où Dieu a fourni un substitut pour Isaac. 2 Elle a expliqué comment Jésus-Christ était notre substitut lorsqu'il a porté nos péchés dans son corps sur l'arbre. Lors de la visite suivante, il a parlé de Joseph comme d'une image du Seigneur Jésus-Christ : aimé par son père, méprisé et vendu par ses frères, il est devenu un sauveur de vie. 3 Plus tard, il a parlé de Moïse et du serpent d'airain. Il a enseigné que, de même que Moïse a élevé le serpent, le Christ a été élevé sur la croix. 4 Charles a compris que Jésus-Christ était mort pour lui et, à l'hôpital, il l'a accepté comme son Sauveur.

La Bible est la révélation d'une personne : notre Seigneur Jésus-Christ. Elle expose un seul sujet : la rédemption par son sang. Ce sujet se retrouve dans l'histoire, les prophéties, les symboles, le mobilier du tabernacle et dans toute la Bible.

La Bible révèle le Christ, la loi nous en donne des ombres ;

Les prophètes, sa mort l'a dit, les psaumes aussi, comme un jardin.

A. Que pouvons-nous enseigner aux jeunes enfants ?

Les jeunes enfants, comme nous l'avons dit dans le chapitre précédent, sont curieux, agités, prêts à croire, sensibles et désireux d'être aimés. Ils sont attirés par les histoires du Seigneur Jésus. Ils aiment entendre parler de la puissance de Dieu dans la création et de personnes comme Joseph, Moïse, Samuel, David, etc. Il est bon de se rappeler que le tout-petit retient beaucoup de choses qu'il voit, encore plus de choses qu'il fait, mais très peu de ce qu'il vient d'entendre.

B. Que pouvons-nous enseigner aux enfants plus âgés ?

Notre objectif devrait être d'enseigner toutes les grandes histoires de la Parole de Dieu. Si nous enseignons cinquante leçons au cours d'une année, nous pouvons atteindre cet objectif en cinq ans environ. Nous pouvons enseigner l'Ancien Testament pendant six mois et le Nouveau Testament pendant les mois restants. L'année suivante, nous reprenons là où nous nous sommes arrêtés. Si la classe change de professeur, le nouveau professeur commencera à enseigner là où l'autre s'est arrêté. De cette manière, les élèves connaîtront les récits bibliques dans leur ordre chronologique.

Ce plan paraîtra trop difficile à l'enseignant qui se limite à un ou deux livres favoris, ou qui préfère parler longuement d'un seul personnage ou d'un seul chapitre. L'enseignant ne doit pas être effrayé ou paresseux face à un plan qui l'aidera à élargir sa propre connaissance des Ecritures. Si l'enseignant n'étudie pas pour grandir, c'est lui et ses élèves qui sont perdants.

Certaines congrégations ont l'habitude d'interrompre l'enseignement systématique de l'école du dimanche pour tenir des réunions spéciales où un frère donne un message à toute l'école du dimanche. Cela peut être utile au début ou à la fin d'un cycle d'étude, lorsque les enfants passent d'une classe à l'autre, mais il ne faut pas le faire trop souvent. En général, l'enfant apprend peu lors de ces réunions parce que l'enseignement ne suit pas un plan défini, parce qu'il perd le contact personnel avec son propre enseignant, et parce que le message adressé à tous ne peut pas répondre aux besoins particuliers de chaque étape de la croissance.

C. Que pouvons-nous enseigner aux adolescents ?

Voici quelques suggestions de sujets qui pourraient être utiles aux élèves de cette tranche d'âge.

1. les thèmes doctrinaux illustrés par des récits de l'Ancien Testament.

a) La condamnation de l'homme (désobéissance d'Adam et Eve). 6

b) Le jugement de Dieu (Sodome et Gomorrhe). 7

c) La substitution (le sacrifice d'Isaac). 8

d) La décision (Rebecca). 9

e) Réconciliation (Joseph et ses frères). 10

f) La rédemption par le sang (l'agneau de l'Exode). 11

(g) l'expiation des péchés (les deux boucs). 12

h) Le salut par la foi (le serpent d'airain). 13

(i) Sécurité (cordon rouge). 14

(j) Régénération (os secs). 15

2. les femmes de la Bible

Les élèves s'intéresseront tout particulièrement aux femmes des Écritures. Chaque fille de la classe peut préparer et présenter un rapport sur une femme de la Bible, racontant comment elle a plu ou déplu à Dieu. Ces rapports peuvent servir d'introduction aux leçons sur ces femmes.

3. les jeunes guérilleros

Pour l'esprit "activiste" du jeune, il existe des biographies de personnages tels que Jephté, Gédéon, David et Jonathan.

4) Les deux natures du croyant

Il convient d'enseigner que le croyant a deux natures et qu'il existe un conflit permanent entre l'homme nouveau (l'esprit) 16 et le vieil homme (la chair). 17

5. la venue du Seigneur Jésus-Christ

La vérité de la seconde venue du Seigneur 18 et d'autres événements futurs tels que le tribunal du Christ 19 a éveillé chez de nombreux jeunes le désir d'être sauvés et d'utiliser leur vie pour la gloire de Dieu. Afin d'enseigner ces vérités de manière convaincante, nous devons vivre dans l'attente de la venue de notre Maître et Seigneur.

Parle-moi, Seigneur, et je parlerai dans les échos vivants de ta voix ;

Et, comme celui que tu as trouvé, je chercherai les perdus pour Dieu.

5. JÉSUS-CHRIST, LE GRAND MAÎTRE

L'un d'eux est votre maître, le Christ. 1 "Quel est le maître qui lui ressemble ?" 2 "Lorsqu'il fut arrivé dans sa patrie, il les enseignait dans leur synagogue, de sorte qu'ils étaient dans l'étonnement et disaient : D'où lui viennent cette sagesse et ces miracles ?" 3 "Jamais homme n'a parlé comme lui !" 4

Le Maître incomparable a enseigné les vérités divines de nombreuses manières : en vivant saintement, en faisant des miracles, en utilisant des exemples, en faisant des comparaisons, en posant des questions, en racontant des paraboles, et ainsi de suite. Regardons-le en action :

A. Votre exemple

═══

Dieu estime les œuvres plus importantes que les paroles. C' est pourquoi Luc écrit : Ce sont là les choses que Jésus commença à faire et à enseigner, 5 et il dit que le Christ était puissant en action et en parole. 6 Remarquez l'ordre des choses dans ces deux citations.

Nos actes pendant la semaine sont plus éloquents que nos paroles le dimanche. C'est à Dieu que nous devons plaire avant les hommes. Le verset cité indique que Jésus était puissant en actes devant Dieu d'abord, puis devant tout le peuple. Le service de l'école du dimanche devrait être fait de manière à ce que le Seigneur soit glorifié en premier ; si c'est le cas, les élèves en bénéficieront.

B. Ses miracles

Jésus de Nazareth était un homme approuvé par Dieu par des prodiges, des miracles et des signes. 7 L'apôtre Jean, par exemple, relate sept de ses miracles ou signes dans les onze premiers chapitres de son Évangile. Parfois, un évangéliste ajoute des détails que l'autre ne mentionne pas. Chaque évangéliste souligne les détails de son récit qui mettent en évidence le point central de sa présentation de la personne du Seigneur Jésus-Christ.

Les miracles témoignent de la divinité du Christ et apportent toujours des enseignements sur la faiblesse de l'homme face à la puissance de Dieu. Jésus-Christ est toujours un faiseur de miracles parce qu'il a tout pouvoir au ciel et sur la terre. Il transforme la tristesse en joie, les ténèbres spirituelles en lumière et les pécheurs en saints.

C. Vos leçons d'objets et vos comparaisons

Dieu a utilisé de nombreux objets pour attirer l'attention du peuple d'Israël. Les prophètes ont utilisé, par exemple, l'aplomb du maçon, 7 les figues bonnes et mauvaises, 8 la tige de l'amandier, 9 une ceinture pourrie, 10 etc. Les évangélistes rapportent aussi que Jésus a parlé d'une pièce de monnaie, 11 d'oiseaux, 12 de lys des champs, 13 et ainsi de suite. Il prit un enfant et enseigna la nécessité de l'humilité ; 14 il prit une serviette et avec elle enseigna l'importance du service ; 15 avec les pains il enseigna la sécurité de la provision divine. 16

Le langage du Seigneur était riche en comparaisons faciles à comprendre. Il appelle les faux prophètes des loups déguisés en brebis ; 17 leur mort est comparée à un grain de blé qui meurt en terre ; 18 il appelle les hypocrites des sépulcres blanchis ; 18 il compare la renaissance par le Saint-Esprit à un vent. 20

D. Vos questions

Le Seigneur posait souvent des questions. Il ne le faisait pas par ignorance, ni par tentation, mais parce qu'il voulait engager la conversation avec ses auditeurs et les faire réfléchir. Par exemple : Qui dit-on que le Fils de l'homme est ? 21 Est-il permis de faire du bien le jour du sabbat ? 22 Qu'en penses-tu, Simon ? 23 Lequel de ces trois semble avoir été le prochain ? 24

E. Ses paraboles

Une parabole biblique n'est pas une histoire, mais une comparaison tirée de la vie courante sous la forme d'un récit plausible. Dieu dit dans Osée : "Par les prophètes, je me suis servi de paraboles. 25 Jotham a raconté la parabole des arbres. 26 Nathan raconta à David l'histoire du riche qui avait tué la brebis du pauvre, afin que David reconnaisse son péché. 27

Jésus-Christ parlait en paraboles et les gens l'écoutaient volontiers. 28 Les Évangiles contiennent une cinquantaine de ses paraboles. La parabole du fils prodigue 29 se lit facilement en trois minutes et est l'une des plus longues. Elles traitent de sujets tels que les objets perdus, 30 les garçons sur la place du marché, 31 le voyageur détroussé, 32 l'habit de noces, 33 etc. C'est par des paraboles que le Christ a enseigné des vérités divines.

F. Vos paroles

Nicodème appela le Seigneur Jésus *maître*. 34 Le Seigneur savait bien que cet homme avait ses propres idées, mais il ne perdit pas de temps à en parler, et il l'avertit immédiatement de la nécessité de naître de nouveau. Nous devons prononcer les paroles que le Christ a prononcées, qu'elles se rapportent à lui-même ou au pécheur. Le Christ a dit : Les paroles que je vous ai dites sont esprit et vérité. 35

Je veux apprendre plus de Jésus, connaître plus de sa grâce,

Plus de ses dons à recevoir, plus à partager avec les autres.

6. PRÉPARATION DES ENSEIGNANTS

Nous ne pouvons pas compter sur l'aide du Seigneur si nous ne prenons pas le temps d'étudier sa Parole. Dans la Bible, nous remarquons que Dieu appelle toujours à son service des personnes qui sont occupées à faire quelque chose. À l'époque difficile des juges, il y avait un homme nommé Gédéon, qui secouait le blé dans un pressoir. Le fait de secouer le blé peut nous évoquer l'étude des Écritures en vue d'une nourriture spirituelle. Dieu le surveillait et nous lisons que l'ange de l'Éternel lui apparut et dit : L'Éternel est avec toi, vaillant homme. 1

Compte tenu de la grande importance de l'école du dimanche, nous devons nous sentir responsables devant le Seigneur de préparer la leçon de manière à ce que le Saint-Esprit puisse l'utiliser pour la bénédiction des élèves, qu'ils soient sauvés ou non.

Le Seigneur Jésus a dit : "Les enfants de ce siècle sont plus habiles dans leurs rapports avec leurs semblables que les enfants de lumière. 2 Malheureusement, cela est parfois très évident à l'école du dimanche. Le gouvernement du pays exige que ceux qui enseignent dans les écoles étudient la pédagogie et qu'ils aient une bonne connaissance des sujets dont ils ont la charge. Pourtant, nombreux sont ceux qui croient que les enseignants de l'école du dimanche peuvent transmettre les vérités divines aux jeunes sans aucune préparation.

Il est vrai que Dieu peut accomplir son œuvre sans la sagesse et la préparation de ce monde, et que le Saint-Esprit dirige et assiste le croyant qui est en communion avec lui, mais rien de tout cela ne nous donne la liberté de négliger notre préparation. Gardons à l'esprit que

Dieu déclare : "Maudit soit celui qui fait négligemment l'œuvre du Seigneur. 3

COMMENT ENSEIGNER À L'ÉCOLE DU DIMANCHE : UN GUIDE POUR LES ENSEIGNANTS DE LA CLASSE BIBLIQUE

Dieu déclare : "Maudit soit celui qui fait négligemment l'œuvre du Seigneur. 3

A. Votre étude privée

———

Esdras, le scribe, était l'un des enseignants les plus remarquables de l'Ancien Testament. Voyons comment il s'est préparé selon Esdras 7:10 :

1. la préparation du cœur. "Car Esdras avait préparé son cœur. Par-dessus tout ce qui est gardé, gardez votre cœur. 4

2. la préparation de l'esprit. "Car Esdras avait préparé son cœur à sonder la loi de l'Éternel. Esdras a étudié avec diligence la Parole de Dieu. Examinez les Écritures. 5

3. la préparation par l'obéissance. "Car Esdras avait préparé son cœur à rechercher la loi de l'Éternel et à la mettre en pratique..." Ce que vous avez appris, reçu, entendu et vu en moi, faites-le. 6

4. l'instruction comme résultat de la préparation. "...et d'enseigner en Israël ses lois et ses ordonnances". Paul écrit à Timothée : "Occupe-toi de lire et d'enseigner. 7

Le travail de l'école du dimanche est le travail du Seigneur. L'apôtre a écrit : "Tout ce que vous faites, faites-le de bon cœur, comme pour le Seigneur, et non pour les hommes ; car c'est le Christ, le Seigneur, que vous servez. 8

Dans le livre de l'Ecclésiaste, le sage Salomon dit : Plus le prédicateur (ou l'enseignant) était sage, plus il enseignait la sagesse au peuple, le faisait entendre et le poussait à chercher. Le prédicateur s'efforçait de trouver des paroles agréables, et d'écrire des paroles justes et vraies. 9

Ouvre mes yeux, Seigneur, ouvre mes yeux, Seigneur ;

Je verrai des merveilles dans ta loi, si tu m'enseignes, Seigneur.

B. Ouvrages de référence.

La Parole de Dieu est notre texte directeur et s'explique d'elle-même. Notre meilleure source de matériel pédagogique se trouve dans les Ecritures. En plus du passage de la leçon, il y a souvent des passages parallèles. C'est le cas dans les livres des Rois et des Chroniques et dans les quatre Évangiles. En lisant ces passages ensemble, nous obtenons l'histoire la plus complète. Les références en marge de la Bible sont utiles pour trouver ces passages, de même que des notes telles que celles du Dr Scofield.

L'enseignant doit disposer d'une concordance et d'un dictionnaire biblique. La concordance lui fera gagner beaucoup de temps et lui permettra de trouver des versets qui l'aideront à développer le sujet qu'il prépare. Il existe de nombreux commentaires qui éclairent les livres qui composent la Bible, mais ils présentent un danger. Avant d'étudier ou d'acheter un livre écrit par un auteur inconnu, il est conseillé de consulter un frère plus averti.

Dans certaines librairies évangéliques, on peut se procurer des manuels de l'enseignant et des leçons accompagnées de figures pour le tableau de flanelle. Certains de ces documents sont très utiles. Mais nous suggérons à l'enseignant d'étudier d'abord les Ecritures, de noter ses idées, puis d'ajouter ce qu'il trouve utile dans d'autres livres.

L'achat de livres représente une dépense pour l'enseignant, mais qui d'entre nous ne dépense pas plus pour le soutien de son corps que pour celui de son âme ?

C. Les archives de l'enseignant

A peu de frais, nous pouvons rassembler dans nos archives du matériel pour les leçons que nous allons enseigner. Le dossier est constitué d'une grande boîte en carton et de chemises en carton plié, chacune portant un titre. L'institutrice gardera les images, les dessins et les figures. Celui qui enseigne à des enfants plus âgés ou à des jeunes classera des cartes, des tableaux, des croquis, des notes de prédication et d'enseignement qu'il a entendues, des histoires, des coupures de magazines, de journaux, des tracts, des feuilles de calendrier qui servent à illustrer ou à introduire les leçons. Il conservera également dans ses dossiers des photos et des articles sur les lieux et les coutumes des temps bibliques et les découvertes archéologiques.

Dans certaines classes d'adolescents, il est souvent difficile de motiver certains élèves qui connaissent la leçon à étudier jusqu'à l'épuisement. Comment susciter leur intérêt pour une leçon qu'ils pensent déjà connaître ? L'enseignant de jeunesse doit être en recherche constante d'informations, en archivant les détails, les circonstances et les coutumes des temps bibliques. Ensuite, la présentation de ce matériel doit être adaptée aux capacités et à l'intérêt des élèves, afin de les aider à mieux apprécier les vérités de l'Evangile et la doctrine biblique.

Genèse 11:31 dit simplement qu'Abram, Saraï et les autres ont quitté Ur de la Chaldée pour le pays de Canaan. Qu'est-ce que ce déménagement signifiait pour Saraï ? Les découvertes archéologiques montrent qu'Ur était une ville civilisée, avec des maisons confortables. Abram et Saraï ont laissé tout cela derrière eux lorsqu'ils ont entrepris un voyage d'environ deux mille kilomètres et qu'ils ont vécu sous des tentes pour le reste de leur vie. Ils aspiraient à une cité céleste que Dieu avait préparée pour eux. 10

Lisez la Bible, ses belles histoires apportent une santé céleste à l'âme :

Remplissez votre esprit de toutes ses gloires, et vous jouirez de sa lumière céleste.

7. PLANIFICATION DE L'ENSEIGNEMENT

Planifier, c'est établir un plan de travail à l'avance. Nous fixons un objectif, décrivons les étapes que nous allons suivre et rassemblons le matériel que nous allons utiliser pour atteindre l'objectif proposé. Cela peut se faire à long terme ou leçon par leçon. Le fait d'avoir un objectif inspire la confiance. Si nous définissons à l'avance ce que nous avons l'intention d'accomplir, nous saurons comment planifier pour atteindre notre objectif. Cela nous aidera à faire la distinction entre ce qui est urgent, ce qui est important et ce qui est essentiel.

Planification à long terme

Après avoir considéré d'une manière générale notre responsabilité en tant qu'enseignants, les besoins des étudiants et le contenu de notre manuel (la Bible), nous serons en mesure de préparer un plan à long terme. Dans ce plan, nous écrirons ce que nous voulons enseigner chaque dimanche.

Nous devons tenir compte du groupe d'étudiants qui nous a été confié : leur âge, leur sexe, ce qu'ils ont déjà appris des Écritures, leurs connaissances et leur expérience, et ce qui les intéresse.

En profitant de l'intérêt que certains élèves portent à certains jours de l'année, nous pouvons incorporer de nouvelles leçons ou modifier l'ordre des leçons que nous avons déjà choisies. Par exemple : le jour de l'arbre, une leçon sur certains arbres dans les Ecritures serait intéressante ; le jour de la fête des mères, la leçon pourrait porter sur le cadeau que Jésus-Christ a offert à une mère ; 1 au mois de décembre, les enfants seront particulièrement intéressés par l'histoire de la naissance de Jésus-Christ.

L'essentiel est que le plan et la manière dont l'enseignement est présenté soient en rapport avec les capacités et la compréhension des élèves. L'apôtre était, humainement parlant, un homme très intelligent et bien instruit ; néanmoins, il reconnaissait qu'en tant qu'enfant, il parlait, pensait et jugeait comme un enfant. 2

Il faut de la volonté pour élaborer et réaliser un plan à long terme, mais si nous le faisons en communion avec le Seigneur, il nous aidera.

Une jeune croyante m'a raconté comment elle avait appris à quel point il était utile de préparer et de suivre un plan dans l'enseignement. Voici ce qu'elle m'a dit :

-On m'a confié une classe de jeunes filles de douze à quatorze ans et j'ai essayé de leur enseigner les histoires bibliques que je connaissais. Au bout d'un an, j'ai dû admettre que je n'avais pas fait grand-chose avec elles. J'ai demandé l'aide du Seigneur et j'ai préparé une série de leçons sur le Seigneur Jésus-Christ. Nous avons étudié le Christ en tant que Messie qui a accompli les prophéties de l'Ancien Testament, en tant qu'Agneau de Dieu qui enlève le péché du monde, nous l'avons étudié en tant que Maître et divers autres titres ou fonctions que nous trouvons dans les Évangiles. Enfin, nous avons abordé la dernière de ces leçons, la plus solennelle : le Seigneur Jésus-Christ en tant que Juge (Jean 5:22 ; Apocalypse 20:11). Le dimanche soir suivant, j'ai reçu un appel téléphonique d'une de mes étudiantes et voici ce qu'elle m'a dit :

-Toute la semaine, j'ai réfléchi à la leçon et je me suis demandé comment je pourrais me présenter au Seigneur devant le grand trône blanc. Mais, Maître, je sais que je n'aurai jamais à le faire parce que ce soir, je l'ai reçu comme mon Sauveur.

Planification leçon par leçon

L e fait de disposer d'archives, comme nous l'avons déjà suggéré, facilite grandement la planification, car il nous fournit le matériel de travail dont nous pouvons avoir besoin à tout moment.

Un enseignant qui a bénéficié de bénédictions dans sa classe décrit sa méthode dans les termes suivants :

J'ai cinquante-deux dossiers, un pour chaque leçon de l'année, avec le thème de la leçon et la date indiquée sur chacun d'eux. Je recherche et classe des notes, des cartes, des tableaux et des graphiques en rapport avec le thème de chaque leçon. Lorsque je commence à préparer une leçon, je me réfère d'abord aux objectifs de la planification à long terme. Ensuite, je passe en revue le matériel contenu dans le dossier correspondant, en évaluant, en éliminant et en sélectionnant le matériel que j'utiliserai.

La planification est le contraire de l'improvisation. L'enseignement de l'école du dimanche nécessite une préparation devant le Seigneur, et plus on commence tôt dans la semaine, mieux c'est. Demandons d'abord l'aide du Seigneur dans la prière ; puis lisons attentivement des passages de l'Écriture, en prenant des notes sur notre méditation personnelle ; ensuite, nous pourrons consulter des manuels et d'autres livres ; enfin, nous déterminerons comment utiliser le matériel qui se trouve dans nos dossiers.

Ordre d'enseignement

Il existe trois types d'ordre que nous devons prendre en compte dans la planification des cours :

A. Ordre de compréhension. Nous commencerons notre enseignement par ce que l'enfant sait et nous l'amènerons à ce qu'il ne sait pas encore. C'est la base d'un véritable enseignement. Nous devons commencer par les expériences connues, les similitudes entre le connu et l'inconnu, puis, par étapes progressives, amener l'enfant à de nouvelles découvertes.

B. L'ordre psychologique. Le nourrisson est très limité dans ses expériences, mais cela ne signifie pas qu'il est incapable de penser. Le processus de réflexion (sélection et application des connaissances à un problème) peut être développé même chez un tout-petit, sous la conduite d'un bon enseignant. Les nouvelles leçons doivent être reliées à celles déjà apprises afin que l'enfant puisse transférer ce qu'il sait déjà au sujet des nouvelles leçons.

C. Ordre chronologique. Essayons de donner une image claire de l'ordre dans lequel les événements des Ecritures se sont déroulés. Une étude des sept dispensations, soulignant certains événements importants dans chacune d'elles, peut être utile à une classe de jeunes. Une telle étude montre clairement que l'histoire est le déroulement des plans et des desseins de Dieu. Un aperçu complet des dispensations se trouve dans Scofield's Annotated Bible.

Organisation de la leçon

L a leçon peut être organisée comme suit :

A. Le thème principal. Le thème de la leçon est la vérité fondamentale que l'enseignant veut inculquer à ses disciples. Dans la Bible, il existe un certain nombre de thèmes qui peuvent être retenus. Voici quelques exemples : la chute de l'homme, la promesse d'un Sauveur, l'Agneau de Dieu.

B. Le texte clé. Ce texte doit exprimer le thème de la leçon et aider l'élève à fixer ses pensées sur cette vérité. Il peut s'agir d'une partie du passage qui sera lu en classe ou d'une autre Écriture. Par exemple, si la leçon porte sur la chute de l'homme telle qu'elle est racontée dans Genèse 3, le texte clé pourrait être : "Comme par un seul homme, le péché est entré dans le monde : Comme par un seul homme le péché est entré dans le monde, et la mort par le péché, ainsi la mort a passé sur tous les hommes, parce que tous ont péché. 3

C. Les passages bibliques à lire. Il est généralement préférable de ne pas lire trop de passages à la fois en classe, surtout si les élèves sont jeunes ou agités, car ils ne comprennent pas toujours ce qui est lu ou ne sont pas toujours attentifs. Mais un passage de la Parole de Dieu devrait être lu chaque fois que l'enseignant rencontre la classe.

D. Introduction à la leçon. Il peut s'agir d'une question, d'une courte illustration, d'images ou de dessins, d'un objet à montrer, etc.

E. Portion assignée. L'enseignant qui veut plaire à son Seigneur ne choisit pas au hasard les versets à apprendre par coeur. Celui qui s'intéresse vraiment au bien-être de son groupe réfléchira soigneusement à la quantité et au contenu des devoirs à faire à la maison. Il est de notre devoir d'enseigner aux étudiants les paroles textuelles de la Bible. L'apôtre Paul connaissait le foyer dans lequel Timothée a été élevé et lui a rappelé : "Dès ton enfance, tu connais les Saintes Ecritures, qui peuvent te rendre sage pour le salut.....". 4 En d'autres termes, les mots qu'il a appris dans son enfance l'aideront désormais dans les choses spirituelles.

Il est plus facile d'enseigner un verset si nous le divisons en phrases. Par exemple, Jean 3:16 peut être divisé de cette manière, en enseignant et en expliquant une phrase avant de passer à la suivante :

-Car Dieu a tant aimé le monde,

-qui a donné son Fils unique,

-afin que tous ceux qui croient en lui,

-Ne vous perdez pas,

-mais ont la vie éternelle.

Nous ne devons pas renoncer à la répétition et à la révision des Écritures apprises. Il existe de nombreux moyens d'éviter l'ennui et de maintenir l'intérêt. On peut préparer des affiches en écrivant d'un côté la référence et la lettre complète du verset. De l'autre côté, on place des figures et un ou deux mots qui aideront l'élève à se souvenir de ce qu'il a appris.

Par exemple, pour se souvenir de Jean 5:24, nous pouvons faire ce qui suit :

-la figure d'une oreille

-une Bible ouverte

-le mot *croit*

-le mot "*damnation*", barré

-un carré ou un cercle noir portant le mot *"mort"*.

-un autre jaune ou orange avec le mot "vie".

-une flèche indiquant le passage de la première à la seconde.

L'enseignant doit aussi apprendre par cœur les textes qu'il confie à ses élèves. Le peuple d'Israël était prévenu : "Ces paroles que je te prescris aujourd'hui seront sur ton coeur ; tu les enseigneras à tes enfants, et tu en parleras quand tu seras assis dans ta maison, quand tu iras en voyage, quand tu te coucheras et quand tu te lèveras... et tu les écriras sur les poteaux de ta maison et sur tes portes. 5

Les prix stimulent l'effort. Il ne s'agit pas de récompenser les devoirs effectués, mais de reconnaître le travail accompli par l'élève. Il est préférable d'offrir un prix peu coûteux à chaque enfant qui apprend la partie assignée plutôt que quelque chose de coûteux à celui qui l'apprend en premier. Une bonne récompense pour l'élève qui s'intéresse à l'apprentissage des parties assignées serait un texte attrayant qu'il pourrait accrocher au mur de sa maison.

F. Points principaux de la leçon. Le plan contiendra une liste des points que nous voulons enseigner et l'ordre dans lequel ils doivent être enseignés.

G. Questions sur la leçon. Nous verrons ci-dessous à quoi doivent ressembler les questions.

H. Illustrations. Les illustrations servent à éclairer la leçon. Elles doivent être bien réparties dans la leçon sans être trop nombreuses. Lorsque la leçon est un peu difficile ou que l'on introduit un nouveau concept, il est bon de pouvoir dire : -Par exemple- -Supposons .... Il suffit de voir l'effet de ces affirmations sur les élèves pour se rendre compte de la valeur d'une illustration. Remarquez le nombre d'illustrations utilisées par le Christ dans le sermon sur la montagne. 6

I. Application de la leçon et brève conclusion. Il faut prévoir suffisamment de temps à la fin de l'heure de cours pour passer en revue les principales vérités contenues dans la leçon afin de les appliquer à la vie de chaque élève. La conclusion peut prendre la forme d'une invitation à accepter le Seigneur Jésus-Christ comme Sauveur ou d'une exhortation à la vie chrétienne si les élèves sont déjà sauvés. Parfois, l'application sera directe, d'autres fois elle sera indirecte par le biais de questions. Dans tous les cas, elle doit être brève afin que les élèves la prennent à cœur.

Enseigne-moi, Seigneur, et je t'enseignerai toujours les choses en leur temps ;

Donne-moi la parole, et j'atteindrai ceux qui ont le cœur tendre.

8. DIFFÉRENTES APPROCHES

Nous avons noté que chaque leçon devrait traiter d'un thème ou d'une vérité fondamentale tirée des Écritures. Dans ce chapitre, nous allons utiliser l'histoire de la manne dans le désert (Exode 16) comme une figure symbolique du Seigneur Jésus, le Pain de Vie. Voyons comment l'enseignant peut enseigner cette vérité de différentes manières, selon les capacités et les connaissances de ses élèves.

Nous utiliserons le plan de leçon suggéré dans le chapitre précédent : définir le sujet ; utiliser un texte qui exprime bien l'enseignement ; décider du passage de l'Écriture que nous allons lire en classe ; déterminer les points que nous voulons expliquer ; penser à des questions appropriées ; préparer des illustrations ; terminer par une brève application de l'histoire et de l'état spirituel des étudiants.

Nous nous souviendrons que la vérité divine est une, mais que les étudiants sont à des niveaux différents dans leur connaissance de la Parole de Dieu.

A. Petits débutants

Les petits enfants, lorsqu'ils commencent à assister au cours, ne comprennent pas ce qu'est une figure symbolique, mais nous pouvons leur parler de l'attention que Dieu portait à son peuple et qu'il porte à nous aussi. Nous pouvons raconter l'histoire des Israélites de manière simple en utilisant Exode 16:15 comme texte clé : "Ceci est le pain que le Seigneur vous donne à manger".

Il faudra expliquer que Dieu a envoyé cette nourriture jour après jour pendant de nombreuses années, et que tout le monde a dû la chercher et la manger. Qui a envoyé le pain du ciel ? Qui envoie la pluie pour que les plantes poussent ? Qui nous donne la nourriture ? Dieu qui nous connaît et nous aime est celui qui soutient toute la création. Le Seigneur Jésus-Christ est Dieu le Fils. Un hymne approprié pour cette leçon est : Christ Loves Me, Loves Me.

B. Enfants plus âgés

Ils pourront comprendre que la fourniture miraculeuse de pain au peuple d'Israël parle de celui qui est venu pour répondre à nos besoins spirituels. Nous pourrons alors leur parler du Pain de vie en Jean 6:35, en le reliant à Néhémie 9:15 : "Tu leur as donné du pain du ciel pendant leur faim".

La lecture pourrait se limiter à une sélection de versets de l'Exode 16, puis de Jean 6:31-35. En racontant brièvement l'histoire des Israélites, nous expliquerons qu'ils ne pouvaient pas semer parce qu'ils étaient dans le désert et qu'ils étaient des vagabonds ; ils avaient faim et Dieu a fait pleuvoir du pain du ciel. Nous parlerons de la manne et du fait que le peuple, lorsqu'il l'a vue pour la première fois sur le sable, a demandé : Man hu, man hu, ce qui signifie : Qu'est-ce que c'est ? Moïse leur répondit : C'est le pain que Dieu vous a donné à manger.

Avant de poser des questions, nous pourrions illustrer la leçon pour faire comprendre que la manne est une figure symbolique du Seigneur Jésus-Christ. Nous mangeons du pain, des légumes, de la viande et des fruits. Pourquoi ? Pour entretenir la vie, pour que le corps grandisse et que notre organisme remplisse ses fonctions ordinaires.

Vient maintenant l'application. Elle se trouve dans Jean 6:31-35. Jésus-Christ est le Pain de Vie : il est venu du ciel, est né d'une vierge, a grandi, a fait des miracles, a enseigné les gens et a donné sa vie pour nous sauver et nous donner la vie éternelle. Si nous dépendons du pain quotidien pour maintenir notre vie physique, nous devons compter sur le Pain de Vie pour la vie éternelle. Un refrain qui exprime cette vérité est le suivant : "Je suis le Pain de Vie : Je suis le Pain de Vie, dit le Seigneur.

C. Adolescents

L'approche décrite ci-dessus est également appropriée pour les élèves plus âgés, mais en couvrant Jean 6:51 et une lecture un peu plus longue d'Exode 16. L'enseignant sera en mesure d'appliquer le récit de manière plus détaillée : la manne venait du ciel, comme le Christ ; elle était petite, ce qui évoque l'humilité du Christ ; elle était ronde, comme l'éternel qui n'a ni commencement ni fin ; elle était blanche, figure de la pureté du Seigneur Jésus ; elle avait un goût de miel, comme le Christ est doux pour ceux qui le reçoivent ; elle est tombée sur la surface de la terre, ce qui nous rappelle que le Christ est à la disposition de tous ; la manne devait être ramassée le matin, comme elle fond au lever du soleil, "Souviens-toi de ton Créateur dès les jours de ta jeunesse" et "Ceux qui me cherchent tôt me trouvent" 2 ; la manne engendrait des vers et puait lorsqu'elle n'était pas mangée, de même que la connaissance sans obéissance peut engendrer l'indifférence et l'orgueil.

L'enseignant aura lu le chapitre 11 de Nombres à la maison, mais ne voudra probablement pas en faire autant dans une classe de cet âge. Il peut cependant ajouter que la manne était transparente comme le Bedel, symbole de la vie irréprochable du Seigneur Jésus-Christ ; qu'elle était bouillie, comme le Seigneur a subi la chaleur de la colère de Dieu ; qu'elle avait un goût d'huile nouvelle, comme le sacrifice du Christ est toujours frais pour ceux qui se confient en lui ; qu'elle tombait sur la rosée et n'avait pas de contact avec le sol, comme le Seigneur n'a pas été souillé par le monde.

Les questions peuvent commencer par la raison d'être de la manne et sa provenance. Si la famille n'avait pas le temps d'aller la chercher le matin, pouvait-elle aller la chercher plus tard dans la journée, pourquoi pas, quand devrions-nous recevoir le Christ, et y a-t-il quelque chose de perdu à recevoir le Christ quand on est jeune ?

Les soldats de Bolivar, Paez et Sucre avaient souvent les pieds enflés lorsqu'ils marchaient sur de longues distances et souffraient souvent de la faim. Les Israélites, eux, ont marché pendant quarante ans, leurs pieds n'ont pas enflé et ils n'ont eu besoin de rien. 3 La manne leur servait de nourriture. Celui qui mange du pain de vie a la vie éternelle et sera pourvu de tout ce qui est vraiment important.

Nous ajouterons deux sections à ce chapitre en suggérant un accent pour une classe où tous, ou la plupart, sont des élèves croyants et un autre pour le cas contraire.

D. Les élèves non convertis

Dans ce groupe, il convient de noter que beaucoup n'ont pas accepté la provision de Dieu avec joie, comme c'est d'ailleurs le cas aujourd'hui. Dieu a envoyé du ciel un repas parfait pour les Israélites, mais ils l'ont méprisé. Dieu nous a donné ce qu'il avait de mieux au ciel, son Fils bien-aimé. Pour celui qui méprise le Fils de Dieu et le salut qu'il apporte, c'est la damnation qui l'attend. Comment échapperons-nous, si nous négligeons un si grand salut ? 4

La conversation peut s'étendre à d'autres portions de l'Écriture, telles que les suivantes : L'homme a mangé le pain des nobles. 5 Notre âme se dessèche, car nos yeux ne voient que cette manne. 6 Notre âme est fatiguée de ce pain léger. 7

Les questions de l'enseignant peuvent porter sur la suffisance de la manne et l'attitude du peuple, et doivent servir à souligner l'application de Jean 6:35, à savoir que Jésus-Christ est le Pain de Vie.

Réfléchissons maintenant à une illustration personnelle pour ce cours. Ici, au Venezuela, un groupe de médecins a fait des recherches sur la malnutrition chez les jeunes enfants du pays. Ils ont découvert que de nombreux enfants souffraient de rachitisme parce qu'ils ne buvaient pas de lait. Mais ce n'était pas tant parce qu'il n'y avait pas de lait, mais parce qu'ils ne l'aimaient pas, ils n'aimaient pas en boire. L'Israélite qui méprisait volontairement la manne, un aliment qui contenait toutes les vitamines et les protéines nécessaires à la santé du corps, devait en payer chèrement les conséquences. De même, le jeune inconverti qui préfère la télévision à la Parole de Dieu, le cinéma à la prédication et le monde à Jésus-Christ risque fort de perdre son âme. Celui qui refuse de manger le pain de vie, c'est-à-dire de croire au Fils de Dieu, ne verra pas la vie, mais la colère de Dieu est sur lui. 8

E. Des élèves convaincus

S i l'enseignant limite sa lecture à Exode 16, il ne pourra pas présenter tout ce qui concerne le sujet de la manne. Nous avons vu qu'il y a d'autres portions qui abondent en explications pour les profanes ; il y en a encore d'autres pour le peuple de Dieu.

Pour le croyant, manger la manne symbolise la méditation de la vie terrestre d'humiliation de notre Seigneur Jésus-Christ. Nous nous nourrissons de lui pour obtenir le salut, selon Jean 6:54, mais pour recevoir la subsistance dans la vie spirituelle, nous devons manger sa chair (6:56-58), en méditant sur son humiliation. En nous nourrissant ainsi chaque jour, nous recevons la force de sa vie.

La manne conservée dans une urne dans le lieu très saint devait être un témoignage pour les descendants des Israélites. Nous pouvons discuter en classe d'Exode 16:33 et d'Hébreux 9:4, jusqu'au verset 23 où il est question de figures des choses célestes. La manne cachée nous fait penser à l'exaltation du Seigneur. Apocalypse 2:17 parle de la manne pour le vainqueur. L'étude pourrait porter d'abord sur la manne dispersée pour le salut, puis sur la manne cachée reçue par le croyant qui triomphe dans l'épreuve. Une discussion sur les épreuves dans la vie chrétienne et sur l'importance d'être un vainqueur dans ces épreuves n'intéressera pas les plus jeunes étudiants ou les non-sauvés, mais sera très appropriée pour une classe de croyants.

Enfin, nous pouvons mentionner Josué 5:12, où il est dit que la manne a cessé. La manne était destinée au désert, mais dans la terre promise, il y avait de meilleurs mets. Le Seigneur nous a donné de nombreuses provisions pour cette vie, mais de meilleures choses nous attendent. Nous devons en manger ici, en recherchant chaque jour ce qui a été fourni pour le voyage, mais au ciel, les provisions de la vie terrestre ne seront pas nécessaires parce que nous serons entrés dans le repos éternel.

Dans ta Parole, ô Dieu Père, quelle belle lumière !

Bienheureuse portion céleste dont jouit la foi.

9. PRÉSENTER LA CLASSE

L'enseignant qui arrive tôt à l'école du dimanche aura plus de temps pour préparer le matériel utilisé pour la présentation de la leçon, dessiner une carte ou écrire un plan au tableau. En outre, il pourra accueillir les élèves à leur arrivée et s'asseoir avec eux. Cette attention personnelle est bien accueillie par les enfants et les jeunes.

Le temps que l'enseignant passe avec sa classe est relativement court. Il doit en faire le meilleur usage. Rappelons que sur les 168 heures que compte une semaine, seule une heure est partagée avec la classe !

A. Ouverture

Dans certaines écoles du dimanche, l'ouverture se fait lorsque toutes les classes ou plusieurs classes sont réunies. Nous traiterons ici de l'ouverture dans la classe de chaque enseignant. Il est bon de commencer par une prière pour demander l'aide du Seigneur. La prière devant les élèves doit être courte. Les longues prières sont réservées aux moments où nous sommes seuls avec le Seigneur. Au début de la classe, il convient d'accueillir les nouveaux élèves.

B. Récitation

Les élèves citent les vers qu'ils ont appris par cœur au cours de la semaine. Pour gagner du temps dans une classe nombreuse, les élèves qui arrivent en avance peuvent réciter leur texte à l'enseignant avant l'ouverture. Chaque élève doit avoir sa propre feuille de versets ou son propre cahier, bien que l'apprentissage de versets directement à partir de la Bible puisse être approprié pour les élèves plus âgés.

Nous savons qu'il est important de mémoriser les Ecritures, mais l'enseignant doit veiller à ce que ses disciples comprennent les vérités du sujet afin qu'ils puissent exprimer leurs pensées avec leurs propres mots. L'étudiant qui comprend les Ecritures fait des progrès, mais notre objectif est que l'étudiant applique la Parole de Dieu à sa propre vie. Paul a écrit à Timothée : "Les Saintes Ecritures sont capables de vous rendre sages à salut par la foi qui est dans le Christ Jésus". 1 Le prophète Michée dit de Dieu : "Mes paroles ne font-elles pas du bien à celui qui marche dans la droiture ? "2

C. Révision

L e but d'une véritable étude n'est pas simplement de savoir, mais d'être capable d'appliquer les connaissances. Seule une révision fréquente peut donner cette maîtrise des vérités enseignées. La révision est plus qu'une répétition, car elle doit apporter un éclairage nouveau sur la leçon et en confirmer l'application.

Au début de chaque leçon, nous passons brièvement en revue la leçon précédente. De nouvelles questions amèneront les élèves à s'intéresser davantage à la matière déjà étudiée. La révision du début peut servir d'introduction à la nouvelle leçon. La règle d'enseignement selon Esaïe 28 est la suivante : commandement sur commandement, commandement sur commandement, ligne sur ligne.

D. La lecture de la Parole de Dieu

Encouragez les élèves à apporter leur Bible en classe et à participer à la lecture. Si l'enseignant pose des questions sur le passage avant la lecture, les élèves seront plus attentifs et chercheront les réponses pendant la lecture. La Bible est le seul livre qui devrait être lu en classe. L'enseignant qui prépare bien son cours ne lira pas le manuel de l'enseignant ou tout autre livre devant la classe. Notre seul texte est la Parole de Dieu.

E. Introduction

Une bonne introduction permet de susciter l'intérêt pour le sujet que l'on se propose d'enseigner. Avant de commencer à enseigner un sujet qui prendra plusieurs semaines, nous devrions présenter un résumé intéressant de notre plan. Si les élèves connaissent les objectifs de l'enseignement, ils seront plus intéressés par les leçons. Le sens de l'objectif aide à l'apprentissage et le sentiment de réalisation de l'objectif stimule les étudiants.

Il existe de nombreuses façons d'introduire une leçon. Par exemple : raconter un événement extraordinaire qui s'est produit récemment, dessiner une scène au tableau, évoquer les expériences d'un enfant de la classe, montrer un objet ou une image, poser une question qui attire l'attention, faire référence à une question posée par un élève, revoir l'histoire de la semaine précédente, écouter un rapport préparé par un élève, et ainsi de suite.

F. Enseigner la leçon

La tâche de l'éducateur est d'éveiller l'esprit du disciple et de le mettre en action. Nous nous trompons souvent en essayant d'enseigner la leçon par la simple parole. La connaissance ne passe pas toujours d'un esprit à l'autre par un simple discours. Nous devons encourager l'étudiant à acquérir des connaissances en découvrant des vérités par lui-même.

Comment faire ? Voici quelques activités pour les étudiants : Apporter la Bible en classe et y chercher des réponses dans les versets cités par l'enseignant ; annoter soigneusement la Bible sous la direction de l'instructeur ; préparer et présenter comme devoir des rapports sur des personnages ou des lieux bibliques ; faire des cartes en y traçant des itinéraires et des distances ; chanter un cantique ou un refrain exprimant le thème de la leçon (on le fera s'il est possible de le faire sans déranger les autres classes) ; dessiner des illustrations représentant des vérités bibliques (les élèves peuvent apporter un crayon et un cahier pour faire ce travail à la fin de la classe, en guise de révision). Ces activités ont pour but de fixer les connaissances dans l'esprit et le cœur de chaque élève.

Combien de vérités devons-nous enseigner à l'enfant dans chaque leçon ? Au lieu d'essayer d'enseigner sept vérités en une heure, il vaut mieux n'en enseigner qu'une seule, en la faisant peut-être de sept manières différentes.

Les élèves sont l'objet de notre première considération. Chacun d'entre eux doit participer aux activités de la classe et apprendre. Ce n'est pas la même chose de dire quelque chose que de l'enseigner. Il faut découvrir ce que les élèves ne savent pas, puis combler leurs lacunes, et enfin vérifier qu'ils ont bien compris ce qu'on leur a enseigné.

G. Questions de l'enseignant

Notre devoir d'enseignant est d'éveiller l'esprit des élèves et de ne pas nous reposer tant que l'enfant n'a pas fait preuve d'activité mentale, n'a pas donné son avis et n'a pas agi en classe. Réprimons notre impatience. Laissons l'élève s'expliquer. Ne l'interrompez pas et ne mettez pas de mots dans sa bouche. Les questions *comment* et *pourquoi* font réfléchir l'enfant plus que les questions *quoi, qui* et *où* ?

Si quelqu'un donne une mauvaise réponse, au lieu de dire "*non*" et de donner la bonne réponse, il vaut mieux reformuler la question de manière à ce qu'elle soit plus facile à comprendre. Si une partie de la réponse est correcte, il faut approuver cette partie et mieux expliquer l'enseignement. Il faut éviter que l'élève qui a mal répondu s'apitoie sur son sort et cesse de répondre en classe.

Une méthode que l'enseignant trouvera efficace consiste à poser des questions à l'ensemble de la classe, afin de faire réfléchir tout le monde, puis à nommer les élèves, un par un, afin que chacun donne sa réponse. L'enseignant écoute les réponses sans donner un signe de tête à celui qui a répondu correctement, car en posant la question à la personne suivante, celle-ci sait déjà qu'elle a répondu à la question. Il faut aussi apprendre aux enfants à respecter l'opinion de leurs camarades et à ne pas les taquiner lorsqu'ils entendent une mauvaise réponse.

Les questions peuvent être utilisées à de nombreuses fins. En voici quelques exemples :

1) Introduire un thème. Le Seigneur Jésus l'a fait en demandant : "Qui dit-on que le Fils de l'homme est ? 3

2. Exiger une explication. Le Christ demande à ceux qui le critiquent : "Est-il permis de faire du bien le jour du sabbat ? 4 Comment pouvaient-ils répondre par la négative ?

3. Demander l'avis de l'élève. En disant : "Qu'en penses-tu, Simon ? 5, le Seigneur a éveillé l'intérêt de son disciple pour l'explication qu'il allait donner.

4. guidez l'enfant pour qu'il applique la vérité de la leçon. Après avoir raconté la parabole du bon Samaritain, le Seigneur Jésus l'a appliquée à ses auditeurs en demandant : Lequel de ces trois semble avoir été le prochain ? 6

H. Questions des étudiants

Apprendre aux élèves à poser des questions. La narration ne doit pas épuiser le sujet, mais il faut laisser un non-dit pour stimuler la réflexion et l'effort des élèves. Laissez les élèves poser des questions, en leur donnant le temps de réfléchir. Il est préférable de ne pas répondre rapidement à leurs questions, mais d'attendre un moment pour leur donner plus de force. Dans la mesure du possible, il est bon de répondre par de nouvelles questions, ce qui permet d'approfondir la réflexion. Jésus-Christ répondait souvent aux questions par des questions. Les pharisiens demandaient : "Pourquoi tes disciples rompent-ils la tradition des anciens ? Le Christ a répondu : Pourquoi transgressez-vous aussi le commandement de Dieu avec votre tradition ? 7

Dans l'Ancien Testament, nous trouvons plusieurs fois la phrase : "Quand ton fils demande". 8 Il ne fait aucun doute que l'Israélite était obligé de répondre à son fils par la Parole de Dieu. Combien il est important que nous, les enseignants, sachions répondre aux questions de nos disciples !

Un jeune homme, qui assistait pour la première fois à l'école du dimanche, entendit l'histoire d'Elie sur le mont Carmel. 9 Le jeune homme demanda à l'enseignant : "S'il n'a pas plu pendant trois ans et six mois, où ont-ils trouvé douze cruches d'eau ? L'enseignant, un peu irrité, répondit : "Dieu a pu fournir l'eau. Le garçon s'est senti désolé et n'est jamais retourné en classe.

Quelques années passèrent et ce garçon entendit prêcher l'Evangile et fut sauvé. Un jour, en regardant une carte dans sa Bible, il remarqua que le mont Carmel se trouvait près de la mer. Il se souvint de sa question et pensa : "Si le professeur m'avait dit qu'ils auraient pu utiliser l'eau salée de la mer pour mouiller l'autel, j'aurais peut-être continué à assister à son cours.

L'utilisation de questions conduit à la discussion, qui est une forme de participation de la part des apprenants. La discussion permet à presque tout le monde de participer. Ainsi, certains individus se sentent libres de s'exprimer. Si nous encourageons les questions, nous laissons la voie libre aux apprenants pour qu'ils apportent leurs connaissances.

I. Langue de l'enseignant

Essayons d'enseigner l'Évangile en utilisant des mots compréhensibles qui font partie du vocabulaire de l'étudiant. Certains mots bibliques nécessitent une explication, comme épargner, expier, justifier, réconcilier, racheter et remettre, pour n'en citer que quelques-uns.

L'enseignant peut utiliser un langage symbolique, mais il doit en expliquer le sens. Par exemple, s'il parle de cœur noir et de cœur blanc, il doit préciser qu'il ne fait pas référence à l'organe physique, ni à la couleur de la peau, mais à l'être intérieur. 10 Le noir représente la souillure du péché et le blanc évoque la purification qui apporte le salut. 12

Il est biblique de parler de la gloire du Seigneur, comme lorsque Jean écrit : "Nous avons vu sa gloire, une gloire comme celle du seul enfant du Père : Nous avons vu sa gloire, une gloire comme celle du seul enfant du Père. 13 Mais certains enfants pensent que cela fait référence à une auréole que l'on voyait au-dessus de sa tête ou à une lumière qui l'entourait. Il s'agit plutôt de son caractère. La gloire divine du Seigneur Jésus s'est révélée dans chaque détail de sa vie terrestre.

Un autre terme qui nécessite une explication est celui de *loi*. L'enseignant sait qu'il s'agit des commandements que Dieu a donnés à Israël, mais de nombreux étudiants n'ont entendu parler que du droit du travail ou du code de la route.

Certains parlent beaucoup du péché alors que les élèves ne comprennent pas ce que ce mot signifie. Le péché comprend les mauvaises pensées, la tromperie, la mauvaise humeur, le mensonge, les mauvaises paroles et l'orgueil. De même, celui qui sait faire le bien et ne le fait pas, commet un péché. 17

Aux jeunes enfants, il est préférable de ne pas leur dire qu'ils iront en enfer, mais nous devons leur expliquer ce que signifie la séparation d'avec Dieu comme conséquence du péché. 18 A ceux qui sont déjà responsables devant Dieu en raison de leur âge, nous devons enseigner ce que le Christ a enseigné 19 et ce que les autres Écritures disent de l'enfer, 20 où iront tous ceux qui rejettent le Christ et son salut.

Il est regrettable que les vérités bibliques soient souvent déformées ou prises dans le mauvais sens parce qu'elles apparaissent dans des expressions qui ne sont pas comprises. C'est pourquoi nous devons :

1. être attentif au langage des élèves, afin de connaître les mots qu'ils utilisent et le sens qu'ils leur donnent.

2. s'exprimer, dans la mesure du possible, dans la langue de nos élèves.

3. utiliser peu de mots.

4. clarifier le sens des nouveaux mots à l'aide d'illustrations. Lorsqu'il est nécessaire d'enseigner un nouveau mot, il est bon d'exprimer l'idée qui le sous-tend avant de le prononcer.

5. découvrir par des questions l'interprétation que les étudiants donnent aux mots bibliques qu'ils apprennent, pour s'assurer qu'ils en ont le sens correct.

J. Illustrations

Essayons d'illustrer judicieusement nos leçons. Attention, une blague n'est pas une illustration. Voici quelques suggestions :

N'utilisez que des illustrations qui se rapportent à la vérité que nous voulons enseigner dans la leçon.

2. utiliser des illustrations véridiques. Si l'on utilise des anecdotes ou des fables, il faut en expliquer l'origine aux élèves.

3. bien connaître les faits de l'illustration et les donner dans l'ordre.

4. rendre compte de l'illustration de manière simple, claire et intéressante.

5. éviter d'utiliser des illustrations qui nous louent nous-mêmes. L'humble ouvrier ne les utilise pas.

K. Peintures, panneaux de flanelle et objets

Un enseignant a déclaré qu'il ne voyait pas la nécessité d'utiliser ce type de matériel dans sa classe. Pour lui, il suffisait de lire et d'expliquer la Parole de Dieu. Mais il n'a jamais semblé se rendre compte que les seuls élèves qui continuaient à fréquenter l'école étaient ceux qui y étaient contraints par des parents croyants.

Nous avons le devoir de maintenir l'intérêt des élèves car sans intérêt, l'élève n'apprend pas ou peu. Mais il vaut mieux ne pas utiliser ce qui pourrait nous détourner de la Parole de Dieu, car c'est la Parole qui donne la vie. 21

Lorsque nous montrons des images, il est bon d'expliquer aux enfants que c'est ainsi que les artistes les ont peintes, mais que nous ne savons pas vraiment à quoi ressemblaient physiquement les personnages de la Bible. Si la classe est nombreuse, nous ne montrerons pas de petites images dans les livres, car il est difficile pour tous les enfants de bien voir l'image.

Certaines leçons sur flanelle sont très utiles pour enseigner aux enfants. Si l'on veut utiliser un flannelgraphe, il est conseillé d'étudier attentivement la leçon et de la répéter à la maison, éventuellement devant un miroir.

L'enseignant peut également utiliser des objets simples tels qu'un drapeau, des pièces de monnaie, un miroir, etc. pour mieux enseigner les Écritures. En utilisant des objets visuels dans une classe, nous devons éviter de passer trop de temps avec eux, un temps qui pourrait être mieux utilisé avec la Parole elle-même. Avec de l'attention et de l'expérience, les objets peuvent faire ressortir l'enseignement propre à la Bible.

Pensons à une leçon sur la résurrection des croyants lors de la venue du Seigneur. Nous pouvons utiliser un aimant et des clous placés dans le sable. Lorsqu'un élève approche l'aimant du sable, les clous de fer remontent, tandis que les clous de cuivre ou d'un autre métal restent à l'endroit où l'enseignant les a placés. Lorsque le Christ montera dans les airs, les croyants morts remonteront, et les vivants aussi. 22 Ceux qui sont morts sans Christ resteront dans leur tombeau jusqu'à la seconde résurrection. 23 Nous voyons ainsi comment l'enseignant peut rendre plus claire son explication des choses spirituelles sans avoir recours à des artifices coûteux et à des techniques complexes qui dérobent la place que devrait occuper la lecture des Ecritures.

L. Hymnes et chœurs

Essayons d'enseigner les cantiques qui expriment l'évangile. Il est parfois nécessaire d'expliquer le sens de certaines expressions des cantiques pour que les élèves chantent avec compréhension.

Nous avons suggéré que la classe chante certains hymnes en fonction du thème de la leçon, mais dans de nombreuses écoles, les groupes sont tous dans la même pièce ou les divisions sont très minces et la classe ne peut pas chanter sans se gêner les uns les autres. Si le chant est possible, c'est parfait ; mais s'il ne l'est pas, citer les paroles d'un hymne ou d'un refrain bien connu peut soutenir l'enseignement du sujet, même s'il ne peut être chanté.

Conduis-moi, Seigneur, et je guiderai le pauvre errant qui s'en va si loin :

Donne-moi à manger, et moi aussi je donnerai ta manne au pauvre qui a faim.

10. DISCIPLINE EN CLASSE
Causes du trouble

Le manque de discipline nuit considérablement à l'enseignement. S'il y a un tel problème dans notre classe, nous devons déterminer les causes du mauvais comportement et essayer de les corriger.

Cela peut être dû au fait que les enfants sont trop nombreux, qu'il y a trop de bruit à l'extérieur, qu'il fait trop chaud et que la pièce est mal ventilée. S'il s'agit d'un seul enfant, il se comporte peut-être mal en raison de problèmes familiaux ou d'une maladie. Dans ce cas, il n'y a rien à gagner à gronder. Si nous ne sommes pas conscients de leurs conflits et de leurs préoccupations, nous sommes fautifs.

Souvent, ou la plupart du temps, le manque de bon ordre est dû au fait que nous, enseignants, ne sommes pas respectés par les élèves. Cela peut être notre propre faute. Peut-être ne sommes-nous pas préparés à enseigner, nous manquons de vocation, ou nous ne sommes pas aimables ou vivants ; peut-être les élèves nous perçoivent-ils comme insincères ou négligents dans notre préparation de la classe.

La plupart des participants à l'école du dimanche y vont de leur plein gré. Certains croyants font de grands efforts pour inviter les jeunes et les enfants à l'école du dimanche. Mais s'il y a du bruit et du désordre dans la classe, l'élève visiteur ne trouvera pas l'atmosphère agréable et n'aura pas envie d'y assister. L'apôtre Paul écrivait aux saints de Colosses : "Je suis ... dans la joie et la contemplation de votre bon ordre. 1 Pourrait-on en dire autant de nous, dans la manière dont nous conduisons la classe que le Seigneur nous a confiée ?

Suggestions

Les suggestions suivantes peuvent être utiles pour résoudre certains problèmes de discipline : Les élèves doivent être assis de manière à pouvoir voir l'enseignant. Il ne doit rien y avoir derrière l'enseignant pour le distraire. Dès le début, nous devons exiger l'obéissance et la coopération de tous. Si un garçon parle ou se met en travers du chemin, arrêtez de parler et regardez-le en face jusqu'à ce qu'il comprenne la nécessité de respecter l'ordre. Nous perdons du temps si nous continuons à parler, à prier ou à lire alors qu'il y a du désordre. Il est parfois possible d'amener un enfant difficile à coopérer en lui confiant une tâche particulière. S'il s'en acquitte bien, nous pouvons le féliciter et obtenir ainsi sa reconnaissance. En général, l'enfant méchant se comporte mieux s'il est assis près de son professeur.

La leçon doit être préparée de manière à ce qu'il y ait suffisamment d'activités pour toute l'heure de cours. Cette préparation exige de la diligence, car certains élèves sont plus doués que d'autres et finissent le travail en premier. Chaque enfant doit être occupé en permanence.

Il existe de nombreuses façons de capter l'intérêt de l'élève et de retenir son attention. L'enfant peut voir, toucher, entendre, sentir et goûter ; nous pouvons donc atteindre son esprit par l'un de ses cinq sens. De nombreux objets peuvent être utilisés en classe pour rendre l'enseignement plus clair et plus intéressant. En outre, le sourire, le mouvement des mains et la variation du ton de la voix doivent accompagner les mots que nous prononçons lors de la présentation de la classe.

Nous devons parler d'une voix claire et intelligible, mais si nous parlons trop fort, nous dérangeons les autres classes. La leçon sera plus intéressante si nous procédons parfois rapidement. Par exemple, nous pouvons raconter rapidement l' histoire de Zachée 2, mais en parlant des souffrances de Jésus-Christ, nous parlerons lentement et avec respect. Après avoir appliqué une vérité solennelle, nous devrions faire une pause pour permettre aux élèves de prendre à cœur ce qu'ils ont entendu. Nous devons imiter les lecteurs du temps de Néhémie, qui lisaient le livre de la loi de Dieu avec clarté et sens, de sorte qu'ils comprenaient ce qu'ils lisaient. 3

La même routine chaque dimanche devient monotone pour l'enfant. Pour éviter cela, nous pouvons varier notre approche de la leçon de temps en temps. Par exemple, nous pouvons laisser la lecture de l'Ecriture pour la fin et commencer par un quiz sur les versets à mémoriser. Sans intérêt, il n'y a pas de bon comportement ni d'apprentissage.

Ce que le disciple attend du maître

————

1 .l'amour et la compréhension. La brebis perdue de Matthieu 18:12 est apparemment un enfant, car ces versets font partie de l'enseignement du Seigneur Jésus concernant les enfants. Chaque enfant est différent et certains sont plus gentils que d'autres. Nous ne devrions jamais faire preuve de favoritisme à l'égard de certains, mais les aimer tous de la même manière. Essayons de ne pas gronder mais de féliciter ceux qui se conduisent bien et ceux qui s'efforcent d'apprendre la Parole de Dieu, en les encourageant à se conduire encore mieux. Le Seigneur a dit : Veillez à ne pas mépriser l'un de ces petits. 4

2. Encouragement pour l'étudiant croyant. Dans ce même chapitre 18 de Matthieu, le Seigneur parle du péché qui consiste à faire trébucher l'un de ces petits qui croient en lui. Sans nous en rendre compte, nous pouvons être coupables de ce péché, soit en décourageant un enfant sauvé en disant qu'il ne l'est pas, soit en exigeant qu'il se comporte comme un adulte croyant.

3. Le bon exemple. Il est du devoir de l'enseignant de montrer une conduite sainte, juste et irréprochable, comme nous l'enseigne l'apôtre Paul. Nous ne pouvons pas attendre de l'élève ce qu'il ne voit pas en nous. Le respect ne vient pas en disant : je suis un enseignant, respectez-moi. Nous lisons dans Tite 1:7 qu'il est nécessaire pour un évêque d'être irréprochable, ... sans orgueil ni colère ... mais avec amour et maîtrise de soi. Les mêmes qualités sont nécessaires à l'enseignant de l'école du dimanche. L'élève saura quand elles sont présentes chez son professeur, et il saura aussi quand elles ne le sont pas.

Je dois donner l'exemple, je dois accomplir ma vocation

, Et mes talents à consacrer au Christ dans le service.

11. AUTRES ACTIVITÉS DE L'ENSEIGNANT

⸻ 79 ⸻

Nous avons vu comment l'enseignant doit préparer et présenter son cours, maintenir l'ordre dans la classe et s'intéresser à chaque élève. Nous aimerions maintenant suggérer d'autres activités que l'enseignant devrait développer.

A. Conduire les étudiants au service de la prédication

S i les élèves sont en âge d'être sauvés, il est du devoir de l'enseignant de s'intéresser à leur âme et de chercher à les amener au service de prédication de l'Evangile et à s'asseoir avec eux pendant le service. Beaucoup de ceux qui acceptent le Christ lors des cultes sont, ou ont été, des élèves de l'école du dimanche.

B. Distribuer de la littérature évangélique

L'élève de l'école du dimanche est un bon moyen pour l'église d'introduire la littérature biblique dans les foyers des familles non converties. Beaucoup d'adultes lisent avec plus d'intérêt que leurs enfants les tracts et les brochures que ces derniers reçoivent dans leurs classes.

C. Emmener la classe en excursion

Les enfants aiment les excursions et les promenades. Si nous programmons une excursion, il est souhaitable d'obtenir la coopération d'autres frères pour surveiller les enfants, même si le groupe est petit. L'excursion, ou la visite des élèves à la maison du professeur, donne au garçon l'occasion de voir son professeur, non pas comme un instructeur en blouse et cravate, mais comme une personne.

D. Visiter les ménages

Nous, les enseignants, ferions bien de visiter les maisons des élèves et de gagner la sympathie de leurs familles. Une enseignante a dit au directeur qu'elle ne pouvait pas supporter Christopher parce qu'il dérangeait tellement les autres garçons. Le frère a conseillé à l'enseignante de se rendre au domicile de l'élève. Il y avait des problèmes chez Cristobal : le père avait quitté la maison et la pauvre mère se sentait incapable d'élever ses enfants. L'institutrice a accueilli Christopher et sa sœur chez elle de temps en temps et s'est occupée d'eux comme elle s'occupait de ses enfants. Plus tard, cette mère a assisté à des offices et s'est convertie.

E. Maintenir le contact avec les étudiants des années précédentes

Essayez de garder le contact avec les étudiants qui ont déménagé ou qui ont cessé d'assister à l'école du dimanche pour une autre raison. Une lettre avec un tract à l'intérieur ou une visite et une invitation aux services de prédication peuvent donner de bons résultats.

F. Préparer et présenter des programmes

De nombreuses écoles du dimanche ont pour coutume d'organiser une réunion annuelle spéciale pour les élèves. A cette occasion, un frère s'adresse aux élèves et un autre peut parler aux parents. Les enseignants remettent des prix aux élèves qui ont été ponctuels et assidus au cours de l'année. Un programme présenté par les élèves fait partie de cette réunion.

Ce programme a plusieurs objectifs : stimuler les étudiants à apprendre et à bien citer les Ecritures ; leur apprendre à chanter des hymnes ; présenter l'Evangile au public ; encourager les parents à assister aux cultes ; encourager les parents à envoyer leurs enfants à des cours bibliques ; encourager les parents à aider leurs enfants dans l'apprentissage de la Parole.

Beaucoup de parents assistent à ces réunions parce qu'ils veulent voir leurs enfants se produire devant un public ; il est donc souhaitable, compte tenu des objectifs déjà mentionnés, que chaque élève participe au programme. Le programme ne doit pas être trop long. Pour gagner du temps, les enfants peuvent monter sur l'estrade classe par classe ou par grands groupes. Chaque élève qui en est capable peut réciter un verset ou une partie de verset à haute voix. Il est souhaitable que tous les versets récités par le groupe soient en rapport les uns avec les autres. Les élèves chanteront ensuite un hymne ou un refrain en rapport avec le thème en question. Les thèmes doivent être basés sur l'Évangile. Par exemple : La naissance du Sauveur, 1 Jésus-Christ ; la porte du salut ; 2 l'invitation de l'Evangile (versets et hymnes qui expriment l'invitation). Il est souhaitable que le thème soit un thème étudié par la classe au cours de l'année.

Il n'est pas conseillé aux enseignants de passer des mois à répéter le programme avec leurs élèves. Compte tenu de la quantité de Parole de Dieu qu'ils voudront enseigner au cours de l'année, six semaines suffiront pour préparer le programme. Il est préférable de réunir les étudiants pendant la semaine, peut-être au domicile de l'enseignant, pour apprendre des hymnes. Il est bon de répéter au moins une fois le programme tel qu'il sera présenté afin que les enfants apprennent à monter et à descendre de l'estrade.

Dans certaines écoles du dimanche, les enfants de parents croyants ou ceux qui ont des capacités particulières participent plusieurs fois au programme. Cela ne donne pas aux autres enfants la possibilité de participer. Le programme remplirait son objectif si tous les élèves étaient encouragés, si les familles non converties entendaient l'Evangile et si le nom du Seigneur était glorifié.

G. Priez intelligemment pour chaque membre de la classe.

Il est courant que l'enseignant ou le surintendant garde dans la salle, et à portée de main, un cahier avec les noms des élèves, leurs points de présence, et leurs adresses, âges, niveaux scolaires, etc. Mais les enseignants vraiment dévoués au Seigneur et au travail qu'il leur a confié gardent un second cahier à la maison et l'utilisent pour la prière privée. Il contient la liste de leurs élèves et certaines informations les concernant, telles que l'attitude de leur famille à l'égard de l'Evangile, les souhaits et les doutes que le jeune a exprimés à l'enseignant, etc. Si la classe est confiée à un autre enseignant, tout ou partie de ces informations peuvent être transmises.

H. Auto-examen

En tant qu'enseignants, nous examinons nos disciples de temps en temps. Pourquoi ne pas nous examiner nous-mêmes ? Il est du devoir de chaque croyant de se mettre à l'épreuve. 3 Nous pouvons nous demander :

1) Est-ce que j'aspire au salut de mes élèves ?

2. est-ce que je profite de la présence et de l'aide du Seigneur, ou est-ce que je me fie à mes propres talents et capacités ?

3) Qu'est-ce qui me motive, est-ce un motif valable ?

Suis-je un meilleur enseignant que l'année dernière ou suis-je en train de régresser ?

Un cœur d'amour, je veux Jésus, être comme toi, Seigneur, plein de lumière

; Que je serve, que le temps rachète, et que les âmes te reviennent, Seigneur.

12. LES RÉSULTATS

Nous voulons éviter les fausses professions

L'assiduité et l'intérêt sont des choses bonnes et souhaitables, mais nous ne nous contenterons pas de cela. Nous devons examiner, à la lumière de la Parole de Dieu, notre manque de succès dans l'œuvre du Seigneur. C'est ainsi que nous pourrons corriger nos erreurs et porter plus de fruits pour le Seigneur.

Certains enseignants sont découragés lorsque des étudiants affirment être sauvés et montrent ensuite par leurs actes qu'ils ne le sont pas. Dans la parabole du Semeur de Matthieu 13, le Seigneur parle de la semence qui a germé mais qui s'est ensuite desséchée parce qu'elle n'avait pas de racine, et d'une autre partie qui a été étouffée par les épines.

Les deux grandes causes des fausses professions sont : le manque de connaissance de l'Évangile par ceux qui professent être sauvés et le manque de dépendance à l'égard du Saint-Esprit par ceux qui évangélisent. Dire à un individu qu'il doit croire au Seigneur Jésus-Christ alors qu'il n'apprécie pas encore l'œuvre et la personne du Seigneur, c'est susciter la question de l'aveugle : "Qui est-il, Seigneur, pour que je croie en lui ? 1

Nous aspirons à des résultats concrets

L e Christ doit être présenté avant qu'une personne puisse être invitée à lui faire confiance. L'apôtre Jean a écrit son évangile afin que vous croyiez que Jésus est le Christ, le Fils de Dieu, et qu'en croyant vous ayez la vie en son nom. 2 Jean commence son livre en présentant la divinité du Seigneur et sa manifestation dans la chair, pleine de grâce et de vérité. 3 Il poursuit en mentionnant sept fois où le Seigneur parle de lui-même en disant : "Je suis....". Après avoir souligné les qualités de son caractère, il décrit en détail les événements de la mort, de l'ensevelissement et de la résurrection du Seigneur Jésus-Christ.

Ainsi, le maître spirituel cherche à présenter le Seigneur Jésus de telle sorte que le disciple puisse l'apprécier à sa juste valeur. Paul affirmait : "Nous prêchons le Christ crucifié "4 et résumait son enseignement de l'Évangile en trois vérités : Le Christ est mort pour nos péchés... il a été enseveli et il est ressuscité le troisième jour, conformément aux Écritures. 5

Mais même lorsque nous avons essayé d'exposer tout le conseil de Dieu, nous devons garder à l'esprit que l'œuvre du salut est l'œuvre de l'Esprit. Dans notre désir de résultats, nous ne devons jamais chercher à faire par nous-mêmes ce qui est l'œuvre du Saint-Esprit seul.

Il est vrai que l'étudiant doit choisir, mais un choix n'est pas une conversion à Dieu. De plus, c'est une grande erreur de dire à une personne qu'elle est sauvée si elle croit tel ou tel verset, sans d'abord reconnaître son état de pécheur et le danger dans lequel elle se trouve. Cela doit se faire avant qu'elle ne ressente le besoin de faire confiance de tout cœur à la personne et à l'œuvre du Sauveur. C'est ce que nous lisons dans les Évangiles. Beaucoup ont cru en son nom, en voyant les signes qu'il faisait. Mais Jésus lui-même n'avait pas confiance en eux, parce qu'il les connaissait tous et qu'il n'avait pas besoin que quelqu'un lui rende témoignage au sujet de cet homme, car il savait ce qu'il y avait en lui. 7

Comment obtenir des résultats concrets ?

1) Nous devons prier pour que l'Esprit fasse son œuvre. Ce n'est ni par la force ni par la puissance, mais c'est par mon Esprit, dit l'Éternel. 3. Les résultats de l'œuvre de l'Esprit sont spontanés. Après la prédication du jour de la Pentecôte, ce ne sont pas les prédicateurs qui sont venus vers les auditeurs, mais ceux qui ont entendu, qui ont eu le cœur piqué, et qui ont dit à Pierre et aux autres apôtres : "Hommes et frères, que ferons-nous ? 9.

2. **Nous** devons garder à l'esprit que la foi de ceux qui cherchent le salut doit être basée sur la *foi*. Nous entendons par là la Parole de Dieu. La vérité de Dieu est le seul fondement. Si nous sommes vraiment convaincus de cela, cette conviction aura une grande influence sur la façon dont nous nous conduisons dans la classe dont nous avons la charge.

3) Il faut faire preuve de sagesse avec l'élève qui a fait une profession de foi dans le Seigneur Jésus. Si l'enfant ou le jeune a cru, il est bon de l'encourager à agir. La conversion est le premier pas, non le dernier. Dès lors, l'élève doit s'efforcer, avec l'aide du Seigneur, d'abandonner ses mauvaises habitudes. Même un enfant peut témoigner des grandes choses que le Seigneur a faites pour lui. 10 Le croyant sage ne négligera pas l'enfant qui a confessé le nom du Seigneur, mais il ne lui nuira pas non plus en le poussant au-delà de ce qu'il a appris par ses propres exercices.

4) Notre but n'est pas seulement de voir les étudiants sauvés mais baptisés, rassemblés au nom du Seigneur, l'adorant et le servant.

La force est en Jéhovah 13

Il arrive que l'enseignant se sente froid et découragé. La cause peut en être des difficultés dans la famille ou au travail, la maladie, ou la négligence du spirituel. S'il y a négligence, nous devons rechercher la présence de Dieu et confesser notre péché. Si nous voulons être fidèles au ministère de l'enseignement, nous devons ignorer les difficultés. Paul nous encourage par son exemple lorsqu'il dit : "Je ne serai insensible à rien. 14 A plusieurs reprises, David a été dans l'angoisse ... mais il se fortifiait en l'Éternel, son Dieu. 15

Le salut vient de Jéhovah 16

Un croyant avait accepté le Seigneur à un âge avancé. Il ne s'était jamais senti qualifié pour prendre une part publique dans la grande église dont il était membre. Cependant, il a pris en charge la classe d'école du dimanche d'une paroisse et s'est lié d'amitié avec le groupe de jeunes qui lui avait été attribué.

Des années plus tard, un homme se présenta à la porte de la maison de ce professeur. Une vieille femme ouvrit la porte et lorsque l'homme lui demanda des nouvelles de son professeur, elle répondit : "Mon mari est mort récemment.

-Oh, dit le visiteur, j'ai été élève dans une classe biblique où il enseignait, et je n'ai jamais oublié ses paroles. Je suis venu lui dire qu'avant-hier, j'ai été sauvé.

Jette ton pain sur les eaux, car après bien des jours tu le trouveras. 17

Jochébed, la mère de Moïse, prit l'enfant des mains de la fille de Pharaon et l'éleva. Plus tard, elle dut remettre l'enfant à la princesse, et Moïse passa de nombreuses années dans le palais royal. 19 Mais ce qu'il avait appris sur le Dieu de ses pères porta ses fruits en temps voulu, car Moïse, devenu un grand homme, préféra l'opprobre du Christ aux trésors des Égyptiens, car il avait les yeux fixés sur la récompense. 20) Souvent, les résultats ne sont pas immédiatement visibles, et l'enseignant ne doit pas se décourager. Dieu peut maintenir la graine semée.

Mais, bien sûr, le travail sera vain si nous ne parvenons pas à arroser la semence avec nos prières. Il faut passer plus de temps à parler à Dieu des étudiants qu'à parler aux étudiants de Dieu.

Une sœur enseignait le dimanche matin après la Cène. Elle avait envie de faire autre chose. En lisant Ecclésiaste 11:6, "Le matin, sème ta semence, et le soir, ne laisse pas reposer ta main, car tu ne sais pas ce qui est le meilleur", elle pensa qu'elle pourrait enseigner dans une école biblique de quartier le dimanche après-midi. Le Seigneur a béni son double effort.

Nous pouvons ressentir notre faiblesse et notre manque de fidélité, mais le message est plus grand que le messager. Nous avons une grande responsabilité, mais aussi un grand privilège. Nous avons la possibilité de gagner des âmes et de conduire de jeunes vies dans les voies du Seigneur. Avec le dévouement sérieux que ce travail exige, et avec la prière, la persévérance et la foi, nous pourrons voir avec le temps certains résultats de nos efforts qui seront à la gloire de Dieu.

Serviteurs de Dieu, priez ! Il y a encore beaucoup à faire ;

Proclamez la bonne nouvelle aux enfants du monde entier.

RÉFÉRENCES BIBLIQUES

CHAPITRE 1

1. Matthieu 11:25

2. Matthieu 18:1-5

Luc 18:16

4. Jean 21:15

5. Matthieu 21:16

6. Marc 6:34

CHAPITRE 2

1. Matthieu 15:14

2. 1 Corinthiens 2:14

3. 2 Timothée 2:15

4. 1 Thessaloniciens 2:10

5. 2 Corinthiens 5:14

Colossiens 3:23

7. 2 Timothée 1:6

8. Jean 16:13

9. Jacques 5:16

10. 1 Timothée 4:13

11) Ephésiens 5:25

CHAPITRE 3

1) Éphésiens 1:6

2. ecclésiaste 11 :9

3. l'Ecclésiaste 12:1

CHAPITRE 4

1. Luc 24:27

2. la Genèse 22

3. genèse 45:7

4. Jean 3:14, 15

5. exode 35:10-19

6. genèse 3

7) Genèse 18 et 19

8) Genèse 22

9. genèse 24

10) Genèse 44 et 45

Exode 12

12. Lévitique 16

Numéros 21

Josué 2 et 6

15. Ezéchiel 37

16) Romains 8:1

17) Romains 7:18

18. 1 Thessaloniciens 4:13

19. 2 Corinthiens 5:10 et

1 Corinthiens 3:13-15

CHAPITRE 5

1. Matthieu 23:8

2) Job 36:22

3. Jean 7:46

Matthieu 13:54

5) Actes 1:1

Luc 24:19

7) Amos 7:8

8. Jérémie 24:2

9. Jérémie 1:11

10. Jérémie 13:7

11. Matthieu 22:19

12. Matthieu 6:26

13. Matthieu 6:28

14. Marc 9:36

15. Jean 13:4

16. Jean 6:11

17. Matthieu 7:15

18. Jean 12:24

19. Matthieu 23:27

20. Jean 3:8

21. Matthieu 16:13

22. Marc 3:4

23. Matthieu 17:25

24. Luc 10:36

25. Osée 12:10

26. Juges 9:8

27. 2 Samuel 12:1

28. Matthieu 13:34

29. Luc 15:11

30. Luc 15

31. Luc 7:32

32. Luc 10:25

33. Matthieu 22:11

34. Jean 3

35. Jean 6:63

CHAPITRE 6

1) Juges 6:11

2. Luc 16:8

Jérémie 48:10

4. proverbes 4:23

5. Jean 5:39

6. Philippiens 4:9

7. 1 Timothée 4:13

Colossiens 3:23

9. ecclésiaste 12:9

Hébreux 11:16

CHAPITRE 7

1. Luc 7:14

2. 1 Corinthiens 13:11

3) Romains 5:12

4. 2 Timothée 3:15

Deutéronome 6:6

Matthieu 5 - 7

CHAPITRE 8

1. l'Ecclésiaste 12:1

2. proverbes 8:17

Néhémie 9:21

Hébreux 2:3

Psaume 78:25

Nombres 11:6

7) Nombres 21:5

8. Jean 3:36

CHAPITRE 9

1. 2 Timothée 3:15

2. Michée 2:7

Matthieu 16:13

4) Marc 3:4

5. Matthieu 17:25

Luc 10:36

Matthieu 15.2,3

8) Exode 13:14,

Deutéronome 6:20, Josué 4:6

9. 1 Rois 18:34

10. Jérémie 17:9, Psaume 51:10

11. Jérémie 2:22

Psaume 51:7

13. Jean 1:14

Lévitique 26:46

15. Marc 7:21

16) Apocalypse 21:8

17. Jacques 4:17

18. Jean 8:21

19. Luc 16:23 et Matthieu 8:12

20. Apocalypse 14:11 et Jude 13

21. Jean 6:63

22. 1 Thessaloniciens 4:16,17

Apocalypse 12-15

CHAPITRE 10

Colossiens 2:5

2. Luc 19:1

Néhémie 8:8

Matthieu 18:10

5. 1 Thessaloniciens 2:10

CHAPITRE 11

M atthieu 1, Luc 1 et 2

2. Jean 10

3. 1 Corinthiens 11:28

CHAPITRE 12

1. Jean 9:36

2. Jean 20:31

3. Jean 1:14

4. 1 Corinthiens 1:23

5. 1 Corinthiens 15:1-4

6. Actes 20:27

7. Jean 2:23-25

8. Zacharie 4:6

9) Actes 2:37

Psaume 126:3

11) Actes 2:41

12. Matthieu 18:20,

1 Corinthiens 11:23-26

Isaïe 26:4

14 Actes 20:24

15. I Samuel 30:6

16. Jonas 2.9

17. ecclésiaste 11:1

18. exode 6.20

19. exode 2:10

20) Hébreux 11:26

Don't miss out!

Visit the website below and you can sign up to receive emails whenever Sermons Bibliques publishes a new book. There's no charge and no obligation.

https://books2read.com/r/B-A-ZPTY-RKVBD

BOOKS2READ

Connecting independent readers to independent writers.

Did you love *Comment Enseigner à LÉcole du Dimanche : Un Guide pour les Enseignants de la Classe Biblique*? Then you should read *Analyser L'éducation du Travail dans le Nouveau Testament de la Bible*[1] by Sermons Bibliques!

[2]

Ce livre d'éducation biblique pour le monde du travail est un guide essentiel pour ceux qui cherchent à appliquer les enseignements du Nouveau Testament à leur vie professionnelle. En mettant l'accent sur des enseignements pratiques et pertinents pour aujourd'hui, ce livre apporte un regard neuf et contemporain sur les leçons bibliques. Chaque chapitre est rempli d'une sagesse intemporelle, présentée d'une manière qui résonne avec les défis et les opportunités du monde du travail moderne. De la gestion efficace du temps à l'établissement de relations de travail solides, ce livre offre une perspective biblique sur

---

1. https://books2read.com/u/3yMEAV

2. https://books2read.com/u/3yMEAV

une variété de questions relatives au lieu de travail. Les enseignements magnifiques et pratiques qui figurent sur chaque page n'inspireront pas seulement les lecteurs à vivre leur foi plus pleinement dans leur vie professionnelle, mais leur fourniront également des outils tangibles pour relever les défis du monde du travail. Ce livre est plus qu'une ressource éducative ; *c'est une invitation à vivre et à travailler d'une manière qui reflète les enseignements du Nouveau Testament dans tous les aspects de notre vie.*

Also by Sermons Bibliques

L'éducation au Travail dans la Bible
Analyse de L'enseignement du Travail dans l'Exode: De L'esclavage à la Libération
Analyse de l'Enseignement du Travail dans le Leviticus: L'esprit de la loi à l'œuvre
Analyse de l'Enseignement du travail dans les Nombres
Analyse de l'enseignement du travail dans le Deutéronome
Analyser L'éducation du Travail dans Josué et Juges
Analyser L'éducation du Travail dans Ruth
Analyser l'éducation du Travail dans Samuel, Rois et Chroniques
Analyser L'éducation du Travail dans Esdras, Néhémie et Esther
Analyser L'éducation du Travail dans Job
Analyser L'éducation du Travail dans Psaumes
Analyser L'éducation du Travail dans Proverbes
Analyser L'éducation du Travail dans Ecclésiaste
Analyser L'éducation du Travail dans Cantique des Cantique
Analyser L'éducation du Travail dans les Livres prophétiques d'Aggée, Zacharie et Malachie
Analyser L'éducation du Travail dans l'Évangile de Matthieu
Analyser L'éducation du Travail dans l'Évangile de Marc
Analyser L'éducation du Travail dans l'Évangile de Luc
Analyser L'éducation du Travail dans l'Évangile de Jean
Analyser L'éducation du Travail dans les Actes des Apôtres

Analyser L'éducation du Travail dans l'épître aux Romains

Analyser L'éducation du Travail dans l'épître aux Corinthiens

Analyser L'éducation du Travail dans les épîtres aux Galates, aux Éphésiens et aux Philippiens

Analyser L'éducation du Travail dans les épîtres aux Colossiens, Philémon et Thessaloniciens

Analyser L'éducation du Travail dans les lettres pastorales : Timothée et Tite

Analyser L'éducation du Travail dans les Lettres générales et l'Apocalypse

Analyser L'éducation du Travail dans les quatre évangiles et les Actes

Analyser L'éducation du Travail dans Les Épîtres de l'Apôtre Paul

Analyser L'éducation du Travail dans le Nouveau Testament de la Bible

Analyse de L'enseignement au Travail dans la Genèse

Analyse de L'enseignement du Travail dans le Pentateuque

Analyser L'éducation du Travail dans les Livres Historiques

Analyser L'éducation du Travail dans les Livres Poétiques

Analyser L'éducation du Travail chez les 12 Prophètes de la Bible

Analyser L'éducation du Travail dans les Livres Prophétiques de la Bible

Analyser L'éducation du Travail dans les Livres Prophétiques de la Bible: Réflexion

L'enseignement dans la Classe Biblique

Cours de Bible pour Débutants : 50 Belles Leçons

Leçons pour l'École du Dimanche: 62 Personnages Bibliques

Comment Enseigner à L'École du Dimanche : Un Guide pour les Enseignants de la Classe Biblique

About the Author

Cette série d'études bibliques est parfaite pour les chrétiens de tout niveau, des enfants aux jeunes en passant par les adultes. **Elle offre une manière attrayante et interactive d'apprendre la Bible,** avec des activités et des sujets de discussion qui vous aideront à approfondir les Ecritures et à renforcer votre foi. Que vous soyez débutant ou chrétien chevronné, cette série vous aidera à approfondir votre connaissance de la Bible et à renforcer votre relation avec Dieu. Animée par des frères aux témoignages exemplaires et à la connaissance approfondie des Ecritures, *qui se réunissent au nom du Seigneur Jésus-Christ dans le monde entier.*